Michael Lentz*ENDE GUT. Sprechakte

Von Michael Lentz bisher in der edition selene erschienen:

NEUE ANAGRAMME (1998)
ODER. Prosa (1998)
Lautpoesie/-musik nach 1945. Eine kritisch-dokumentarische Bestandsaufnahme (2 Bde., 2000)
Es war einmal ... – Il était une fois ... (Prosastück, 2001)

Michael Lentz : ENDE GUT. Sprechakte
edition selene, Wien 2001

Erstausgabe
Umschlagentwurf: Antonio Musco
Titelmotiv und die im Buch abgebildeten „Optischen Lautgedichte" stammen von **Josef Anton Riedl**.
Der Ersatz der üblichen Anführungszeichen im Text durch Zollzeichen erfolgte auf Wunsch des Autors.
© der „Optischen Lautgedichte": Josef Anton Riedl
© 2001 edition selene, Wien
© der CD 2001 edition selene, Wien – Ausnahmen: s. Seite 122

CD im Buch

Alle Rechte vorbehalten
Printed in Austria
ISBN 3-85266-087-4
Homepage: www.selene.at – E-Mail: selene@t0.or.at

Michael Lentz

ENDE GUT.
Sprechakte

edition selene

k o m m a	7
daheim und anderswo	8
überall	12
klartext zum beispiel antrag	13
auto-mathik	15
"vielleicht ist es so, vielleicht ist es aber auch nicht so."	17
ende gut, frage.	20
wie es früher war	23
auch wieder schöne grüße	27
so zu sagen	33
wechsel : ein wehen	49
gar sein und gar nichts	61
eine traurige geschichte	62
eine frage noch!	63
meine herren!	64
höhle	67
kein zeit	70
ein kleines kinderspiel	74
daß	77
wie ich bereits sagte wie ich darauf gekommen bin	82
IT'S YOUR TURN oder EINFACH GENUG	86
das(s) kann man da(s)	90
hat ein unbescholtenes dasein	96
jenseits von diesseits	101
A B S P R A C H E	108
ja, das war aber schwer was.	117
welt der bücher	118
Biographien	*120*
CD	*122*

k o m m a

wenn das jetzt ich nicht sage, sagt das ich ein anderer. ein anderer ich als sagt sagt das wenn das ich nicht sage sage ich jetzt als ein anderer ich das sagt. sagt ich das? sagt ich das ich sagt? ein ich ein anderer wenn das jetzt nicht ich. ich das sagt ich das wenn ich nicht wenn. wenn ich nicht wenn-wenn. sagt jetzt sagt-sagt. sagt jetzt.
und sonst? ein tief ein war der donner der bewölkung. der bewölkung donner war ein tief der grund. ein ausdruck ein ein tiefgrund-
    tiefgrund-
        tiefgrund.
einander ich vorhergesagt für morgen. für ich das sagt für ich für morgen. war ein tief der grund ein ich das sagt ich das. ein ich das sagt ich das ich sagt. ein ich das sagt ein ich nicht ohne grund.
und sonst? und sonst-sonst und? ein keimfrei kühlschrank. ein ein ein ein ein. nein ei ein kühlschrank der ist keimfrei ohne ei. sagt ich ei ein ich ein ei? ein ei gefrierpunkt. oder anders oder rum voll zeit genug. genug voll zeit ein beispiel um ein beispiel zu ein beispiel ich als sagt als ich als sagt als zeit als sagt als zeit als sagt als als als sagt als alt.

daheim und anderswo
ein stenographischer block

ich sag dir eins, da hängt irgendwas anderes da hinter. da spielt geld da viel mit. das ist wie mit boxerns, da gibt es regeln. was willste da machen. wenn du da zu tiefe beine hast, kannst du ohne strümpfe nur bus fahren. biste mal auto gefahren? oder um zehn uhr da abgefahren? zum beispiel mit dem bus geht da gar nichts. aber mein fuß hat deinen berührt. sonst lassen wir dir hier drinnen! als wenn das so dinger wären, die da hängen. aber als wir hier reingekommen waren, haben wir gerochen, aber wie. na klar, das ist kein thema. wenn wir zeit haben, fahrn mer. die hatten da ja körbe mit, da lag das auch drin. du hast vielleicht eine betrachtung: mein leben hab ich das noch nicht gehört. ja und? mal was anderes. heute ist freitag, was haben wir da gelassen. du kannst aber auch pech haben, transsibirische eisenbahn, und die ist eingeschneit. ich hab die mütze vergessen und hatte dann 'nen sonnenstich. aber gewaltigen. ich kauf mir dann ne mütze zu schwimmen. wir kucken zum schluß, letzter tag von vier tagen. das ergibt sich doch. letztes mal habt ihr das doch auch mitgenommen. aber so teure geschenke gibt es diesmal nicht. kaufste jedem so en tischschürzchen, und dann hat es sich. jetzt kommt augsburg, und da möcht ich nich in seine haut stecken. auch wenn die warm wird, da kriegste se genau aneinander. der ist richtig neidisch, glaubste datt? du machst mich ganz konfus. was mach ich? glaubste das alles, was hier drinsteht? ach, der prinz, haste den schon mal gesehn? was ist da schönes dran an dem kerl. he? was ist da schönes dran? aber <u>der</u> ist schön. alles bekloppte. kannste mal umblättern, ich komm da schlecht dran. kuck mal, da stehen immer nur die frauen nackt.

ein nackter mann wär doch auch mal was schönes, immer nur die weiber. das muß so sein. und was willste machen? ja, bügeln. ansonsten was neues kaufen. ja und? laß doch jedem das seine. haste was besonderes entdeckt? ja wo solln mer denn noch hin, ist doch bald acht. zieht immer jacke an, soll wohl immer geheimnisvoll sein. geht nicht weiter, bleibt immer da stehn. hat zwar keine dachkammer, aber nimm doch mal den aschenbecher. was wollte ich denn? wo gehst du denn hin? rauchen? ich nehm auch eine, und dann will ich das auch vollstinken hier. ist raucherabteil. so? ist noch besser! dann haste schon alles. wer wollte das haben? genug gegessen! ist ja auch lange zeit, kartoffeln mit soße und 'n bißchen tomatensalat. dafür kein mittagessen. jetzt brauchste nich, ist doch schön, wenn einer da mal schlafen kann. aber weißte, wenn so 'ne verrückte gegend wie bei uns, wenn de da nach dortmund fährst, ist doch ne tolle sache, oder nich. im sommer, wenn die da so in urlaub fahren, ja da war ich e i n m a l. was denn? willste was haben? ich hab auch welche. ne, ich kann da mit dem auto hin. auch erfrischungstücher sind dann manchmal wichtig, aber wenn de die toilette dann vergessen hast, da sagt er mir, die kannste auch später nehmen. ne, auch so, mein ich, vorhin sind wir eingestiegen, und jetzt fahrn mir schon rückwärts. ja, und flugzeug, wenn die da mal in urlaub fliegen, die nehmen ja kein flugzeug, und auch hotel haben die nicht. möchtest du kein zimmer? ja, das haben die ja nicht. ich möchte lieber, wenn vorher alles fest ist. ja, wenn de erst mal liegst! so um elf uhr liegen wir. in so 'nem kleinen bett. ganz normale urlaubszeit. ich hatte auch mal so einen. da haben die alles geschickt. ja, frühstück hamm wir da gekriecht und abends abendessen. und am anderen morgen frühstück. ist ja auch was. isst ja immer noch ein unterschied. halbe stunde noch. jetzt fährt er wieder los. ruckzuck sind wir dabei. ruckzuck sind wir im zuch drin. ja, aber trotzdem, was willste da machen die ganze zeit. alles sone sache. auch schwer für die. alles schwere arbeit. fundbüro abgeben. geht auch. spanien ist kein problem. ne, ist kein problem. andere völker, anderer ausdruck. die meckerten nur über meine ... ich hab mir das gekocht. das war aber ... mein gott, solln mer noch 'n schluck nehmen? trink mal, kannste die flasche wegschmeißen. ne, hierlassen. ist doch dasselbe. geht doch nicht, ist zuviel drin. dann steck se wieder ein. so, bis nachher, ich mach mal die augen zu. hier, die tasse haste vergessen. so, sonst ist alles leer. tuste alles in den sack rein. ist ja noch zeit. viertelstunde noch. muß alles seine richtigkeit haben. hammer nichts vergessen? wo se uns da ein essen serviert haben mit senf. mußt mimm bus fahren, zwei stationen. ich glaub, noch näher als bei euch. in spanien, da wo ... wenn wir noch hinter hof fahren. ein tagesmarsch, da biste da. ja. dann da aussteigen, sizilien geflogen, ja. ja, mit der bahn wär ich nich' gefahren. ach so. da war alles da. wieder schön so frisch gemacht. hat die helga dir erzählt? simme dann ... waren mer da. ich will nicht hinunter bei dem sauwetter. hätten die kinder ja einen besuchen können. sind alle gestorben. sind ja auch nicht mehr die jüngsten. mußte mal so sehen. ja, alle, bis auf den jüngsten. der schwiegervater vom dingsda hat nix gegessen, nur getrunken. guck mal. alle früh gestorben. hat sich totgesoffen, mit sechsundsechzig. ihr habt ja glück gehabt. was willste? eisenbahnzeitung. ich bin jetzt sechsundsechzig. dann fährste da so im kreis rum. kommste an den strand, verkaufe die dir ja alles. ja, alles. auch 18 karat? aber ein dicker freund von mir war ja in spanien. hat da so münzen gekauft. so braune. kannste alles. SA-dolche. marinedolche. ja, alles. wenn de dir datt überlegst, ist ja auch 'ne lange fahrt nach ... wenn de dann von münchen nach rom fährst. ruckzuck ist der weg. das interessiert den doch gar nicht. die franzosen haben ja noch nen schnelleren. wenn der mal aus den gleisen fliegt, da holste keinen mehr raus, da ist feierabend. wieder ein bahnhof. jetzt zieht der schon die bremsen an, passemal auf. ja, senf.

überall
(mit zunehmendem tempo)

überall auf der welt löst sich zucker auf. auf der ganzen welt ist dies zu bestaunen. erst heute war es, daß sich ein kleiner zuckerhut in einem schönen café in einem schwarzen kaffee in einer meiner tasse vollständig aufgelöst hat. da habe ich auf einem schmalen stuhl an einem runden tisch gesessen und auch gegessen ein stück apfelkuchen und getrunken diesen schwarzen kaffee mit einem kleinen zuckerhut darin der hat sich vollständig aufgelöst in einer meiner tasse in einem schwarzen kaffee in einem schönen café in dem ich saß an einem runden tisch auf einem schmalen stuhl auf dem ich saß an einem runden tisch auf einem schmalen stuhl in einem schönen café da wo ich gesessen bin und auch gegessen einen stück apfelkuchen und getrunken diesen schwarzen kaffee darin sich aufgelöst ein kleiner zuckerhut hat in einer meiner tasse vollständig erst heute war es. erst heute war es überall auf der welt. überall auf der welt löst sich zucker auf. löst sich zucker auf auf der ganzen welt. auf der ganzen welt ist dies zu bestaunen. ist dies zu bestaunen erst heute war es. überall auf der welt auf der ganzen welt überall. überall auf der welt. überall.

klartext zum beispiel antrag

der schrank gehört mir nicht. *klartext*: gehört mir nicht schrank schrank gehört mir schrank gehört mir nicht zimmer wohnstatt antrag. plausibelantrag antrag antrag alarmweste weste antrag. alarmweste gehört mir oder gehört mir nicht kittel anzug finale gehört mir oder entzug gehört mir nicht gehört mir oder entzug. zum beispiel *mein* schrank gehört mir oder gehört mir nicht zum beispiel entzifferter schrank mein schrank oder nicht. zum beispiel zum beispiel anklageschrift gehört mir oder knast. zum beispiel *zum beispiel* gehört mir oder hörnt mich. oder gnadenwort "der stein im wüstensand". zum beispiel bastia: gelandet gegessen gegessen gefressen eingetauscht zum beispiel fisch gegen mark und zum beispiel hier auf dem teller liegt kartoffelkretin. gegen mark. zum beispiel übergeben gehört mir oder gehört mir nicht oder chimäre kino kartoffelchips. abfallende linie. stimmung, verstimmte. inventur. vermeidung. moment. *klartext*: lautensack. auch binder oder weste. auch sockenbrand auch wams. auch gehrock vatermörder. schwalbenschwanz wäschesack. weißewestewäschesack korbgeflecht. vatermörder korbgeflecht. votermerder karbgeflöcht: flöchtig, ja: *pallaksch*. käme, käme: pallaksch. schrank zum beispiel alle diese sachen. bunte sachen weiße sachen. alle diese sachen kochen machen. eile elle dase sachen kachen machen. eile elle kachen mochen kochen machen. eile kachen wunderweiß. aha. eile kuchen wanderweiß. pallaksch. öle keichen wonderwuß. wie bitte? wie pallaksch bitte. wie brühe bitte. aha. braune brühe weißgebrüht. bröne brahe wußgebreit. schrankgebrüht. wie breihe, batte, wie breihe: brönebreihe weßeweiste, bröneweiste weßebreihe. weiste breihe bröne weße, weßte bröne breihe weise. vielmals, bitte, vielmals. o desto o voter o korb, die schrünk geheit mer nacht geheit mer nacht. *klartext*: geheit mer nacht. klor, deis ast klor, geheit mer nacht. zum beispiel schwarzer schwalbenschwanz. zum beispiel übergeben. wie das da so hängt so. wör dann? sohängtso. *antrag* gnadenwort. klartext: schrank. klartext: brühe. zum beispiel wäsche in den antragsack antragsack. zum beispiel schlingenkopf. aha. zum beispiel fadennackt. zum beispiel schlingenkopf aha und fadennackt aha. wie aha das da zusammengeht. wie das da so pallaksch so flöchtig. und schallet merder o merder. und schallet eile keichen wände wußgebreit. und schallet eile elle krachen hängen machen. so hängt jetzt. so hängt jetzt so. so hängt jetzt so so rum. so zuzu. wie pallaksch wie bitte. wie korbgeflecht. wie votermerder wie merder. aha. heißt das was zum beispiel heißt das nichts so sagt das was zum beispiel sagt das wasnichts. zum beispiel aber so was: keimt hinein und brüllt: das heißt nichts dreck den kehrt den dreck jetzt weg. oho, deis ast klartext deis ast antipallaksch. deis ast klor so klor so schrank so breihe, so antrag so wiß, so beispiel so nacht. deis ast votermerder so schlingenkopf. so abgehänkt so weg. klartext zum beispiel antrag in eile krachen, batte, in eile. hier man sieht zu was man tut zu haben. zu was man tut zu haben. zu was man tut zu haben.

auto-mathik

ein auto kam langsam an. fahrend kam langsam ein auto an. hinein nach aalen kommt dieses jetzt fahrend. nun sehet her endlich steht dieses ding länglich. es konnte nicht anders als endlich hier hinein zu kommen. nach aalen kommt dieses doch jedoch nicht gänzlich ganz länglich an. dieses hat vielmehr nur einen knall seitlich vor aalen ja gehabt ja.
deswegen platzte das liebliche auto auf entsetzlich.
sondern und deswegen platzte das liebliche auto auf.
deswegen platzte das liebliche auto auf entsetzlich langsam lang.
deswegen platzte das liebliche auto auf entsetzlich langsam lang länglich.
oder nur deswegen platzte das liebliche auto auf entsetzlich langsam lang.
deswegen platzte das liebliche auto auf entsetzlich langsam lang länglicher langend lahm.
entsetzlich langsam lang länglicher langend lahm längelangs lautlos laut langatmig lärmend längst landläufig, längstens los lächerlich läßlich längst langweilig lädiert lack lakonisch labil lot laminar larval lamm.
deswegen konnte ein schöneres auto nicht gefahren kommen ins ruhigere städtchen das namentlich aalen heißt.
lamentabel!
gefahren kommt dieses automobil zerrüttet ganz labbrig.
augenblicklich personen drin sitzen geringfügig gewöhnlich und stille.
geringfügig auslaufend die meute augenblicklich langwierig nun.
jenes automobil namentlich steht stille aufgerissen. alle lebewe-

sen inseitig sind labbrig. alltägliche gegenwart der natur! allgegenwart heutiger kunst. schöne kraftwagenkunst. autokunst. und dann passierte ein unvorhersehbarer vorgang. unvorhergegangenes. plötzlich etwas, geschah es ohne. am hellichten tag. es war, als es geschah. und als es geschah, war es. von sich behauptet niemand, es so kommen, es so vorhergegangen gesehen zu haben. es trat so ein. was niemand so hat kommen sehen, trat jetzt ein. automatisch.

"vielleicht ist es so, vielleicht ist es aber auch nicht so."
Variationen einer These von Georg Büchner
unter Auslassung der von Josef Anton Riedl
erprobten Möglichkeiten

vielleicht ist es so, vielleicht ist es aber auch so nicht.
vielleicht. so ist es. vielleicht. aber ist es auch? so nicht.
vielleicht. ist es so? vielleicht. ist es aber auch so nicht.
vielleicht ist es. so! vielleicht ist es. aber. auch. nicht. so.
vielleicht. ist es so, vielleicht. istesaberauch nicht so.

vielleicht ist es so, vielleicht ist es aber auch nicht so.

vielleicht, vielleicht! so ist es, aber auch so ist es nicht.
vielleicht-vielleicht! so ist es auch nicht, aber so ist es.

leicht, soviel ist es, ist es aber vielleicht auch nicht. so
leichtes ist so viel, aber vielleicht eist auch so nichts.
vieles eist so leicht, aber vielleicht ist auch so nichts.

so. vielleicht ist es viel, aber auch so ist es nicht leicht.

soso, aber ist es vielleicht auch vielleicht? ist es nicht?

so ist es viel, so ist es leicht, vielleicht aber auch nicht.

so leicht ist es nicht! vielvielleicht ist es aber auch so.

ist es auch viel so, leicht so, aber leicht ist es nicht viel.

aber es ist so. auch vielleicht ist vieles nicht so leicht.

ist es vielleicht auch bar so, vielen ist seicht so leicht.

vielleicht ist es so, vielleicht ist es aber so auch nicht.

so es auch nicht ist, vielleicht, ist es aber vielleicht so:
so es aber vielleicht so ist, ist "vielleicht" auch nicht "es".
so es aber vielleicht so ist, ist es auch nicht "vielleicht".

seit leichtes so viel ist, vielleicht aber auch so nichts,
ist es nicht so leicht, aber auch so ist es vielleicht viel.

aber es ist so. auch vielleicht ist viel nicht so leicht.   es
ist aber so es. vielleicht ist es auch nicht so vielleicht.

so es aber vielleicht nicht ist, ist es vielleicht auch so.
auch so ist es, nicht viel, aber es ist vielleicht leicht. so!
so viel, so leicht; ist es, ist es vielleicht aber auch nicht.
es ist soviel licht. vielleicht eist es aber auch nicht so.

leicht ist es viel so, aber auch viel ist es nicht so leicht.

ende gut, frage.
kleines solo für einen fragesteller

kann ich irgend etwas für dich tun.
kann ich etwas für dich tun.
kann ich was für dich tun.
kann ich was tun.
kann ich was.
kann ich.
kann ich für dich ich mein für dich.
kann ich mein für dich was.
kann ich da was tun.
kann ich was tun mein ich da für dich so gehts nicht.

kann ich irgend etwas anderes für dich tun.
kann ich irgend etwas anderes ich mein was dir spaß macht.
kann ich ich meine kann ich dir mal eine frage stellen die dir spaß macht.
kann ich mal eine frage für dich stellen die so richtig spaß macht.
oder soll ich das lieber nicht tun.
oder soll ich lieber ich meine soll ich.
oder soll es nicht sein.
oder ist es das schon gewesen.
oder wars das schon.
oder was.
oder was denn.
was ist denn.
was ist denn eigentlich los hier.
was ist denn eigentlich los hier mit.

was ist denn eigentlich hiermit los.
was ist denn das hier für ein saustall.
so gehts aber wirklich nicht.
so macht das keinen spaß hier.
was liegen denn da für leichen rum.
das stinkt ja zum himmel.
das ist ja eine hausgemachte sauerei.
das ist ja eine verwitterung.
das ist ja offenbar eine zumutung.
was liegen denn da für verwilderte leichen rum.
was liegen die da denn rum wenn ich mal fragen darf.
die gehören doch nicht da so rum. die gehören doch in den abfall.
die sind doch tot wenn ich mal fragen darf.
das sind doch leichen wenn ich mal fragen darf.
das sind doch nicht wir wenn ich mal fragen darf.
das sind doch andere wenn ich mal fragen darf.
das sind doch anderer leuts leichen wenn ich mal fragen darf.
die gehören doch verboten hier.
die gehören doch in anderer leuts abfall.
die gehören doch in die wüste.
das ist doch keine welt hier.
das ist doch eine verdrehung.
eine täuschung.
eine maske.
eine miete.
das ist doch eine falsche behauptungstatsache.
das sind doch keine menschenkinder.
das sind doch andere leut.
die sollen mal abhauen hier.
das ist doch kein heimspiel hier.

das ist doch wohl ein witz wenn ich mal fragen kann.
das verjährt sich doch oder
das hört doch mal auf wann oder
das ergibt sich doch wohl selber oder
da muß man doch nicht lange fragen oder
das hört doch alles auf.
das geht aber auch gar nichts.
da kann man nichts mehr ansehen.
das ist ja bedauernlich.
das ist ja zeitverwendung.
ja wortlos
jawohl
ja

wenn ich mal fragen darf

wenn ich mal fragen darf.

wenn ich mal

wie es früher war

es ist nichts mehr so wie früher so. ist nichts mehr s̲o̲ so wie früher ist s̲o̲ nichts mehr wie früher so ist. s̲o̲ ist so. so i̲s̲t̲ wie so. ist es nichts mehr ist i̲s̲t̲. ist es nichts mehr ist f̲r̲ü̲h̲e̲r̲ ist. ist es nichts mehr. früher ist so ist früher wie i̲s̲t̲ es ist es. i̲stesso? früher ja früher so. i̲stesses sowieso. sowiet̲a̲u̲. sowietauti̲stesso. so wie früher ti̲stes. so wie früher ti̲stesschau. so wie so – wie früher so – wie wi̲e̲ so wie – wie tri̲stress. aha wie tri̲stress. wie tri̲stressschau. i̲s̲t̲ ist früher früher? früher früher ist früher. ist früher ein kessel. ist früher ein garn. ist früher ein gaumen. ist früher ein nichts mehr ja ein mehr so ein nichts mehr ein s̲o̲ einein wie früher nichts mehr einein frühestens. iste̲ssesso? iste̲ssess̲o̲wieso.
sowiet̲a̲u̲?
sowietautri̲st?
s̲o̲wietau?
sowietr̲a̲u̲?
sowietraut̲a̲u̲?
sowiet̲r̲a̲u̲sot̲a̲u̲sowie?
ein wirklich ein kessel ein garn ein gaumen?
ein wirklich schand ein. wie früher schade. wie früher scha̲ndschade. wie früher scha̲denschand. scha̲ndenschand. scha̲ndenschandschadenscha̲u̲ – wie es so wie früher schadet früht es wie es schadet. wie es scha̲ndet. wie es scha̲det wie es schadet so. wie es W̲I̲E̲ E̲S̲. wie si̲e̲ wie – si̲e̲wiesie. wie si̲e̲wiesie von angesicht. ist es nichts mehr so als stünde es da. als stünde es da gestundet. gestu̲ndet stünde wie früher gestundet. kessel garn gaumen. gestu̲ndet schau stünde wie früher gestundet steht es da als steht es da wie si̲e̲. wie frü̲her. stunde. wie früher da steht sie da. kes-

sel gaumen garn. wie fr*ü*hestens steht sie da. steht sie früher da steht da. kaum früher nicht. kaum weiter nicht kaum früher nichts. und so weit in der ferne, und doch so nah. weither kaum früher kaum nicht führ her nicht da nicht für. garn. steht da steht so wie tr*i*stesso wie steht da sowiet*au*sowiewie*so*. sowiem*a*n. so wie kessel wie gaumen wie garn. so wie k*e*sselleicht.
fl*e*icht.
fr*e*icht.
fr*ü*cht.
fr*ü*rt.
fr*ü*ht.
und so nah in der ferne, und doch so weit. soweit*fern* sonah. in der ferne nah in der weite. in der fernte naht und doch so dochso*wie*. doch wie so wie früher. doch wie so wie früher die woch. wie fr*ü*herwochte. so fern so nah so nah. so nah und nah so früh so leicht. und so weiter deine ferne deine frühe und weither so deine nichts.
wie es früher war so weit so fern so nah. wie es kesselt und gaumen und garn. und fr*ü*hlich. es war wie früher war es früher wie es w*a*r. und so weit in der feine, und noch so d*ah*. und so f*e*rn in der weite und insoweit der ferne. denn frei undsoweiter und nah und doch so in der tiefe. und doch aha in der früh in *tief* aha in s*o* in nichts dein aha frü aha weiter schadet früh so nah aha gebraucht.
und ist nicht auch gebr*au*ch. ist nicht auch gebraucht*au*ch. ist nicht auch gebr*au*cht*au*chnicht*au*chgebr*au*ch. gebrauchtgebr*au*ch. *au*ch. auch fr*i*st. auch fr*ü*cht.
fr*ü*rt.
fr*ü*ht.
w*ei*t.
fr*ü*h.

trau.
stund.
tau.
als.
so.
kaum.
wie.
leicht.
weicht.
feicht.
beicht.
weiter.
früher.
freit.
früher.
inso.
weiter weiter weiter weiter weiter weiter weiter weiter weiter
weiter weiter weiter weiter weiter weiter weiter weiter weiter
weiter weiter weiter weiter weiter weiter weiter weiter weiter
weiter weiter weiter weiter weiter weiter weiter weiter weiter
weiter weiter weiter weiter weiter weiter weiter weiter weiter
weiter weiter weiter weiter weiter.

auch wieder schöne grüße

auch <u>wieder</u>.
auch <u>grüße</u> wieder.
auch <u>schöne</u>, auch schöne <u>grüße</u> wieder.
auch <u>grüße</u> wieder schöne <u>grüße</u> wieder.
wieder <u>schöne</u> auch wieder auch <u>schöne</u> wieder.
wieder auch.
auch wieder wieder auch. auch auch schöne auch grüße wieder.
grüße auch den <u>onkel</u> die <u>tante</u>, grüße jesse der mit der nachsicht grüße.
von da wo du stehst wo sicher du bist.
von da wo du stehst wo sicher du bist.
von da wo du stehst wo sicher du bist.

auch <u>grüße</u>.
auch <u>grüße</u> abermals von wo es endlich ist.
vom plattensee
vom traunsee
oder kasmisches meer vom
oder liturgische sonnenwende
oder

und schöne grüße sendet viel
und diesmal sendet auch schöne grüße aus viel sonnenflut und allerhand strahlen
und diesmal sendet sogar recht herzlich viele schöne grüße aus der verwöhnten steiermark
und diesmal kommt ausnahmsweise schöne grüße jemand nicht mehr ganz mit oder nach hause was soviel schöne grüße bedeu-

tet wie auch wieder so grüßt euch herzlich oder da mal hingefallen und oder schon vorher auch zurück schöne auch zurück diese ganz ganz herzlichen diese wirklichwirklich wie von herzen ganz ganz schönen grüße grüße an die teueren an die teueren daheimgebliebenen und oder aber kommt diesmal nicht mehr so ganz mit oder nachhauseheim ist nämlich soviel wie oder auchganz ganz herzlich **h e r r l i c h e** grüße aus dem herrlichen verwöhnten steiermarkt sendet dir dein onkl grüße dein tantn grüße dein vaterngrüße dein mutterngrüße deine altvordernsaubandngrußpostierkartngegrüße
oder tote hose auf wiedersehn nicht mehr so ganz nach hause gekommen das heißt draußengeblieben wo fischfang ist und heißt es nicht "christus / der fisch / treibt – mit dem bauch nach oben – / schon eine ewigkeit" sagt uwe?
oder weg von fenster weggegangen
oder

oder wie aus gut unterrichteten kreisen gegrüßt wird oder gut unerreichbare münder ein kapitel grüße.
und diesmal kommen die grüße von vorne und <u>diesmal</u>
ich möchte daß die grüße einmal durch den arsch fahrn.
es ist ein zum himmel stinkender grußmüll in der welt!

und auch grüße sendet gertrud wenn sie grüße sendet sendet gertrud
und *das sein muß sein*, sagt bellavistas dichterfreund, der straßenkehrer
und auch grüße sendet gertrud wenn sie grüße sendet wie
[*flüchtig und dementsprechend unverständlich*] "ist eine aus Sätzen und Absätzen gemachte Sache gewesen, die Sätze die eine Sache sagen wobei dann einer nach dem andern die Sätze einen

Absatz bilden" grüßt auch schon wieder gertrud mit dieser pistolenerzählung oder grüßen liegt am ammersee.

GRÜSSKOMMANDO GRUSSKASERNE GRUSSLOS GRUSSTON GROSSTUN wir aus einem einzigen turnguß

haben wir uns nicht schon mal irgendwie gegrüßt abermals wo endlich ist
und jetzt geht die ganze grüßerei in die zielgerade in den ziegelbau die grußkatastrophe allergrüßigen soweit so grußlos
GRUSSSCHEISSLOS
oder grußschelle wie schandgeige
allergrußherzigstes kadavergegrüße

ach ja und habe ich ach ja und habe ach ja und habe ich vergessen Sie zu grüßen so ist mir das ohne wert so ist mir das ohne rettungsring.
und habe ich vergessen Sie zu grüßen ausnahmsweise so ist mir das nachzuholen abzustatten wegzubleiben so ferngegrüßt wie ob es dabeigewesen werde sein wirft grußlos GRUSSLOS das tor ins schloß ins rußvolle schloß in den tierpark das landesmuseum oder es grüßt auf galgen komm raus wenn wir soweit sinn immerhin wenn wir soweit sinn.

grußwitwe grußkartei ich frage wann hat es das zuletzt gegeben. oder grußhesselohersee da wo man so umhergrüßt so brotgekrümelt ins land ihr holden grüßer ihr süßen

ihr bedienten und grußpolizei

auch <u>wieder</u>.

endlich auch wieder
es grüßt sich hier die auferstehung ein ast weg
es grüßt sich hier der gute nachbar einen brand
es grüßt sich grüßt sich die liebe heimat den flughafen weg
und grüßen tut auch weh
grüßen grußlos ist kahlkopf spinat und fahnenmeer

es grüßt der judas den herrn am grünen donnerstag: "schönes wochenende!"

es grüßt der chef vom kreuze: "heute denken, morgen fertig"

wie es in den wald gegrüßt hinaushängt trägt man den grußkadaver hinaushin
es grüßt sich hier was grüßen kann nun grüßt mal her es grüßt nicht schwer
aus aachen ahlsdorf berlin bern bonn braunschweig dresden düren hamburg hannover hinterzarten niederzier jakobwüllesheim münchen köln nürnberg passau weiden witten wittlich zerkall und zürich und plattensee und armleuchter und linsengericht grüße aus obersalzberg salzburg bad ischl grüße aus rom und wannsee grüße aus braunau und schwarzau und grünau grüße aus der lieben lieben aus der **HERRLICH** lieben heimat und davon auch grüße aus der da wo er herkommt soll auch gegrüßt werden

aus

aach, aha, ahl, aich, asch, ast, au, ay, baach, bach, bachl, banz, beidl, benk, berg, bieg, birk, bitz, boll, boos, brand, breech, brenz, briel, bronn, bruch, bruck, brück, brünn, brüx, brunn,

brunst, buch buch buch buch buch buch buch buch buch
buch buch buch buch buch buch buch buch buch
buch buch, bühl, bürg, bug, burg, burk, calw, cham, creez,
damm, dorf, dürn, dürrn, egg, egg, egg, ehrl, eich, elm, eyb,
fahr, falls, feucht, flacht, flein, floß, forst forst forst forst forst,
forth, fürth, fuhrn, gars, gern, gern, glatt, glött, glonn, glonn,
gmünd, gönz, grab, graß, greuth, grodt, grub grub grub grub,
grüb, grüb, grüb, grün, günz, haag haag haag haag haag haag
haag haag haag haag haag haag, haar, haard, haardt, haarth,
hahn, haid haid haid haid haid haid, haig, hain, hain, hals, hard,
hardt, hardt, hart hart hart hart, haus, haus, haus, heng, höchst,
hög, höhn, höll höll höll höll, hof, hof, hof, hofs, hohl, hohn,
horb, horb, horb, horn, horn, hüll, jux, kahl, kay, kay, kayh,
kirch, kirn, kist, klais, korb, korb, kreuth, kreuth, kreuz, krün,
krum, küps, kürn, kulz, lahm, lahm, lahm, laim, laiz, lam, lanz,
laub, laub, lauf, lauf, lay, lehr, leups, lind, loch, lohr, lohr, lohr,
lopp, lorch, lorsch, mais, malsch, markt, mauk, mauth, moos
moos moos moos moos, muhr, murr, neutsch, nurn, oy, paar,
paar, pähl, pang, peiß, penk, pfünz, pfuhl, pichl, pichl, pirk,
platz, plech, pleß, pölz, poign, prag, preith, prem, prex, prein,
proß, prühl, prünst, prünst, prunn, puch, puch, purk, rain, rain,
rain, rasch, rasch, rast, reith, reith, reut, reuth reuth reuth reuth
reuth, ried ried ried ried ried ried ried ried ried ried ried ried,
rieß, riet, rötz, rohr, rohr, rohr, rot rot rot rot rot, roth roth roth
roth roth, rott, rott, rück, ruit, ruit, saal, saal, sack, salz, sand,
sands, scheer, schlag, schlag, schlat, schlatt, schlatt, schlatt,
schlicht, schlicht, schlier, schlipps, schmie, schmieh, schmölz,
schnaid, schnaid, schnait, schney, schorn, schreez, schupf,
schwaig, schwaig, schwaig, schwaim, schwand schwand
schwand schwand, schwend, see, see, seeg, selb, semd, sigl, sohl,
solg, solln, spalt, spieß, spöck, spöck, spreng, staad, stadl, staig,

staig, stauf, stauf, stein stein stein stein stein stein stein, stirn, stock, straß, strass, straß straß straß straß straß straß, streit, strüth, stücht, stulln, süß, sulz sulz sulz sulz, tamm, tann, teugn, teunz, thal, tham, thann thann thann thann thann thann thann, thurn, train, traxl, treuf, trieb, trienz, truilz, tschirn, ulm, vach, viecht, vieth, vils, vogt, waal, waal, wain, wald wald wald wald wald, wall, wall, wall, wang, wang, wart, weichs, weichs, weichs, weicht, weil, weil, weng, weng, wiechs, wiechs, wiechs, wies, wies, winkl, winkl, winkl, winn, wöhr, wört, wörth wörth wörth wörth wörth, würm, wurz, zandt, zandt, zang, zant, zeil, zell zell zell zell zell zell zell zell zell zell zell zell zell zell zell zell zell, zinst, zips

so zu sagen
ein sprechakt für dieter schnebel

I.

EHE EDEL IHRE EBEN EDLE EINE EHER EINER DEREN EDLES EHERN LEISE EITEL REISE SEINE IHREN BREIE LEIHE BESTE EHREN BEIDE ECHTE DEINE IHRES EDLEN DERBE DIESE EINES EDLER HERBE TEILE ERSTE REINES SEINER BETEND REIHEN LEISER ECHTES SEHEND BREITE BEIDER BEIDEN EHREND NIEDER BESTEN ERBEND ERNSTE HINTER EILEND NEIDER LIDERN ECHTEN EINSER BEETEN EISERN ECHTER EITLEN EITLER EITLES HEITER LEISEN LEBEND SIECHE DICHTE DIESEN BLINDE BIETER BIEDER BESTER LIEBES SELBER RECHTE DEINES BEIDES LIEBER LEIDER SEIEND DIESER HEISER HERBEN SELTEN ERSTEN BISHER DERLEI BLENDE STICHE DEINER HEBEND HERBES RIESEN DREIEN LEDERN SICHER LESEND STIEBE LEERES REDLICH BLECHEN BECHERN SCHEREN DICHTEN STEILEN SIEBENT LEEREND EILENDS BIETEND BEICHTE SIEBEND SILBERN TEILEND DICHTES HEILEND STEILER RECHTES DICHTER SEICHTE LIEBSTE LEERSTE SIEBTEL BLEICHE REISEND LEHREND REIHEND ENDLICH BIEDERN REIBEND HINTERS LEICHTE HEBELND BREITEN BREITES LEIHEND STEHEND REISTEN LEITEND BLIN-

DER SICHERN SCHIEBE HEILSTE SIEBTER EICHEND EITERND LICHTEN REITEND ERBLICH LIEBEND REICHES TEEREND REINSTE BLEIERN RECHTEN BLINDES SCHEINE SIEBTEN DREISTE SCHREINE BLECHERN LICHTERN LEICHTES LIEBSTEN HEILSTER LIEBSTER SCHILDEN REICHSTE SEICHTER STREBEND STERBEND STEHLEND RESTLICH RICHTEND REICHEND RIECHEND HEILSTEN STIEBEND STIEREND LEISTEND BLEICHER BERSTEND LEICHTER SIECHEND SCHEREND BRECHEND TREIBEND LEICHTEN RECHTENS SICHTEND STECHEND TISCHLERN STERBLICH BEICHTEND SCHIELEND BLEICHEND STICHELND SCHREIEND SCHELTEND ERNSTLICH SCHEITERND SCHREITEND TISCHLERND SCHREIBEND SCHEITELND STREICHELND SICHERND SEN<u>IL</u> IN<u>DES</u> DE<u>BIL</u> B<u>ELIEH</u> ST<u>ERIL</u> B<u>EEILT</u> EIN<u>HER</u> HER<u>BEI</u> B<u>EREDT</u> E<u>REILT</u> E<u>RHEBT</u> E<u>RLEBT</u> B<u>ERIET</u> B<u>EHEND</u> H<u>EREIN</u> BE<u>EHRT</u> B<u>EREIT</u> B<u>EHIELT</u> E<u>RSEHNT</u> B<u>EEILST</u> BE<u>LEIHT</u> E<u>RSIEHT</u> E<u>RHIELT</u> E<u>REILST</u> B<u>ELEHRT</u> B<u>EDIENT</u> E<u>RLEBST</u> B<u>EEHRST</u> B<u>EREIST</u> B<u>ERICHT</u> E<u>NTLIEH</u> E<u>RHEBST</u> S<u>EITHER</u> B<u>EREITS</u> B<u>ESEELT</u> E<u>RLISCHT</u> B<u>EDIENST</u> B<u>ESTRICH</u> D<u>EREINST</u> B<u>ESCHIED</u> E<u>RSCHIEN</u> B<u>ELIEHST</u> B<u>ESCHEID</u> B<u>ELEIHST</u> B<u>ERICHTS</u> B<u>ESCHERT</u> B<u>ELEHRST</u> E<u>RBLEICHT</u> E<u>RSCHEINT</u> E<u>NTSCHEID</u> E<u>NTSCHIED</u> B<u>ESCHEINT</u> <u>EBENE</u> <u>SERIE</u> <u>EBENES</u> <u>EDLERE</u> <u>EHESTE</u> <u>EBENER</u> <u>ELENDE</u> <u>EHERNE</u> <u>EDLERES</u> <u>SEIDENE</u> <u>SEHENDE</u> <u>SEIENDE</u> <u>NIEDERE</u> <u>SELTENE</u> <u>EISERNE</u> <u>HEILERE</u>

ERBENDE EILENDE EHESTEN EITLERE HEISERE SICHERE BIEDERE SEIEN LEBENDE HINTERE EHRENDE HEITERE ELENDER LEISERE EDELSTE ETLICHE LEERENDE NIEDERES TEERENDE SELTENER ETLICHES EITLEREN EBENDIES REITENDE HEILENDE HEITERES REISENDE EHRENDES LEITENDE SILBERNE HEILEREN SIEBENDE TEILENDE SIEBENTE ERBENDES STEILERE LEHRENDE ETLICHEN BETENDER SICHEREN EILENDES BIEDEREN HERBESTE HEISEREN LEIHENDE STEHENDE BLEIERNE LEISEREN LEBENDES SEIDENER EDELSTER ERBLICHE LEBENDER HEILERES HEBENDER BIEDERES ENTERICH STEILEREN LIEBENDER LEHRENDES STREBENDE SIEBENTEL LEITENDES STIEBENDE REITENDES LICHTENDE BIETENDES HEILENDES SCHILDERE SCHEITELE BLEIERNES RICHTENDE BLECHERNE RIESELNDE HEILENDER ERBLICHES STECHENDE LEIHENDES LEITENDER SICHTENDE SCHERENDE TEERENDES STEHLENDE STIERENDE TEILENDES SIEBENTER REDLICHES RIECHENDE SIECHENDE REDLICHEN SIEBENDER TEILENDER ERBLICHEN REICHENDE STICHLERN LEICHTERE ENTERICHS SCHREIENDE STECHENDER SCHLENDERE BRECHENDES SIECHENDER STERBLICHE REICHENDES LEICHTEREN LEICHTERES SCHIELENDE SCHIEBENDE STICHELNDE STEHLENDER BLECHERNES LEISTENDER TREIBENDES BLEICHENDE RICHTENDES LICHTENDER SCHELTENDE REDLICHSTE BEISTEHEND

HERLEITEND RESTLICHEN SCHELTENDER
SCHREITENDE BEICHTENDER BLEICHENDES
STERBLICHEN SCHEITERNDE SCHIEBENDER
TISCHLERNDE BLEICHENDER LEERSTEHEND
SCHEITELNDER SEN<u>I</u>LE DEB<u>I</u>LE SENILER BE-
HENDE BELESEN STERILE BER<u>E</u>DET BE<u>EN</u>DET
BER<u>E</u>DTE DEB<u>I</u>LEN BEHENDER ERBL<u>I</u>NDE ER-
SEHNTE BEREDTES BEH<u>E</u>NDES DERSELBE ER-
LEBEND STERILEN DIESELBE EREILTES BEEI-
LEND BE<u>EH</u>REND BERICHTES BES<u>EE</u>LTER
BELEHNTES ENTLEIHER BEL<u>E</u>HREND BELEHR-
TES BELEIHEND DEL<u>I</u>SCHER BELEIHTER BELE-
SENER BEREISEND ERTEILEND BESTECHER
ERBLINDET ERB<u>IE</u>TEND BEREITEND BESIEDELT
BEDIENTES BEL<u>E</u>HNTER BE<u>E</u>NDETER DIESEL-
BEN ERSTEHEND BEREICHEN BELEIHTES BE-
RICHTEND BELICHTEND BEST<u>E</u>CHEND BERIE-
SELND BESCHEIDEN BESTEHLEND BESCHEREND
ERSTECHEND ERBLEICHEND ERBLEICHTES BE-
STR<u>EI</u>CHEND RESID<u>EN</u> ENTERICHE ST<u>E</u>HEN-
DER S<u>I</u>CHTENDER B<u>EI</u>STEHENDER SEN<u>I</u>LERE
BEL<u>E</u>SENE ERLESENE ERL<u>E</u>BENDE BELIEHENE
BEEHRENDE ERBETENES BEENDETES ERHE-
BENDE DERSELBEN BEST<u>E</u>HEND BEEILENDE
BELIEHENES BELIEHENER BENEIDETER BENEI-
DETES ERBETENE ERTEILENDE BEREITENDE
BE<u>EI</u>LENDER BELEHRENDE BEHINDERTE ERHE-
BENDES ERSTEHENDE BESTEHENDE BEEILEN-
DES BEEHRENDES BEHINDERTES BESCHEIDENE
BESTECHENDE BESCHIEDENE BEREITENDES
BESCHERENDE BEL<u>I</u>CHTENDE ERTEILENDES

ERBLINDETES ERBIETENDES BELEHRENDES BESTEHLENDE BESTEHENDER BELEIHENDER BESIEDELTER BERECHNETES BELICHTENDER BESCHEIDENER BELICHTENDES BESTEHLENDER ERBLEICHENDES BESTREICHENDE EBENDIESER

II.

BELICHTENDER. ES
EILT. BRECHENDES
TEIL, BRECHENDES
BRECHEND, TEIL ES
BRECHEND, LEISTE
BRECHEND EITLES.

STIELE BRECHEND,
EILT ES BRECHEND,
BRECHEND TEIL ES.

BESCHEREND EILT
BESCHEREND TEIL
BLEICHEND ERSTE
RESTE BLEICHEND.

BERECHNETES LID
DES ERBLEICHTEN,
SEITENBLECH DER
TILDE, BESCHEREN
LIED, BESCHERTEN
LEID, BESCHERTEN

BEICHTEND LESER
RIEDL BESTECHEN,
LERNTE BESCHEID,
DEN ERBLEICHT ES.

BERICHTE LESEND,
SENDE ERBLEICHT
ELENDSBERICHTE:
EDLE BESTRICHEN
EDLES, BERICHTEN
BLECHE ERNST DIE-
SELBEN DER TEICH,
BLECHEN ERST DIE-
SELBEN DIE RECHT-
BLECHEN DIE REST-
BLECHERN SIEDET,
BECHERN LEIDEST,
SCHERBEN LEIDET,
BECHER LEISTEND,
BECHERST EDEL IN
BECHER IST ELEND.

SCHERBE TEILEND,
SCHERBE LEITEND,
TEILEND BECHERS
BRESCHE LEITEND,
BRESCHE TEILEND,
LEITEND BECHERS
LEIDEN BESCHERT
BLEICH ERST EDEN:

SCHIEBT LEEREND
ER ELEND, SCHIEBT
ELENDER, SCHIEBT
LENDE ER, SCHIEBT
DEN LEER, SCHIEBT
EDLEN SCHIEBT ER:

DIE BLECHTRESEN
DIE BLECHTRENSE
DIE BLECHSTERNE:
BLECHNESTER, DIE-
SELBEN DREI ECHT-
RESTE, DEIN BLECH.

DICHTERE LEBENS-
DINERS, BLECHTEE,
DEIN BLECH, ERSTE
STEINE, BLECH DER
SEITEN, BLECH DER
BLECHE REDET INS
BLECH, REDET SEIN

RECHT DIESELBEN:
LEBENDES RICHTE,
ERLEBEND SICHTE,
LEBENDES REICHT
SEICHT, ERLEBEND
RIECHT LEBENDES.

REDEST EIN BLECH,
BRICHT ES ELENDE

BEEILEND RECHTS,
BERIESELND ECHT,
REITENDES BLECH,
BLECH REDEST NIE.

BERLIN, ECHTE DES
EDEN RECHT, BLIES
REDE ECHTSILBEN,
BLIES ECHTER DEN
DER ECHTEN SILBE,
EDEN, RECHT SILBE
ECHTSILBE REDEN
DEREN SILBE ECHT.

LIEBT DER SCHNEE
RECHT EDLE BINSE
ECHTBIER LESEND,
LEB ICH EDEN ERST,
LEBT <u>NISCHE</u> ERDE,
LEBT <u>NISCHE</u> REDE,
LEBT SCHEINREDE
REDET SICH <u>LEBEN</u>
<u>REDET</u> <u>NEBELS</u> <u>ICH</u>:

ENDSILBE ECHTER
RECHTE, ENDSILBE
LIEBT <u>SCHERENDE</u>
<u>LIEDCHEN</u> <u>BESTER</u>
<u>BLECHE</u> <u>STERN</u> DIE-
<u>SELBEN</u> <u>ECHTE</u> <u>DIR</u>
BESCHERE <u>TILDEN</u>

BERICHTEND ESEL
LIEBTE SCHEREND
LESE BERICHTEND
SCHEREND BEEILT
LEBT DEIN SCHERE-
SCHEREN, BILDETE
RIEDL BESENECHT.

BEDIENST LERCHE,
BEDIENT ER ELCHS
REICHSTE BLENDE
STIEBEND LERCHE,
STIEBEND ELCH, ER
SICHERTE BLENDE
SCHELTEN BIEDER
BEIDER SCHELTEN
BLENDE SEICHTER.

ERSTE ICH-BLENDE
BLENDE ICH-RESTE,
LEBEND REICHT ES,
LEBEND RIECHT ES,
LEBEND SICHTE ER
LEBEND RECHT, SEI
BLENDER, SEI ECHT
BLENDET ICHES ER,
BLENDET ICH ER ES.

LEBEND SIECHT ER
ETLICHES, DERBEN
LEICHTES, DERBEN

SCHEITEL, DERBEN
ETLICHES ERBEND,
STREBEND EICHEL
STREBEND LEICHE.

STERBEND EICHEL
BERSTEND LEICHE
STERBEND LEICHE
BERSTEND EICHEL

BETEND SCHLEIER
BETEND SICHEL ER-
BETEND ICH, LESER
LEER SICH BETEND.

SCHIELTEN DERBE
TEILCHEN DERBES
SCHEITELN DERBE
SCHELTE IN DERBE
LICHTEN ES DERBE.

ECHT SENIL DERBE
ICH SELTEN, DERBE
BEREDT ICH, LESEN
BRD, ICH LESE ENTE.

DICHT BELESENER,
ES ERLEBTEN DICH
DICHTER-BELESEN
LEBENDE. ICH ERST
ERLEBE SICHTEND

BIERE SCHELTEND
BEREITS DEN ELCH,
BEREITS DEN LECH,
ERLEBE NICHT DES
'EBEN' RECHTES LID.
ERLEBTE DEN SICH

SICHTENDER, LEBE
SCHREITEND, LEBE
SCHEITERND, LEBE
ELBE SCHREITEND,
ELBE SICHTENDER,
TISCHREDEN LEBE,
LEBE RICHTENDES.
LEBE <u>ICH</u> DEN ERST
LEBE ICH DEN <u>REST</u>
LEBE ER DEN TISCH
LEBE DEREN SICHT

DICHTER NEBEL, ES
LEERT SCHIEBEND
ERBE SCHEITELND,
STERBELIEDCHEN,
DIE LESEN BRECHT,
DEN LEISE BRECHT,
ICHES ELEND BERT.
STERBE ENDLICHE,
DICH ERSTE NEBEL,
NEBELDICHTES ER,
NEBEL-ECHTES <u>DIR</u>,
DER <u>STICHE</u> NEBEL

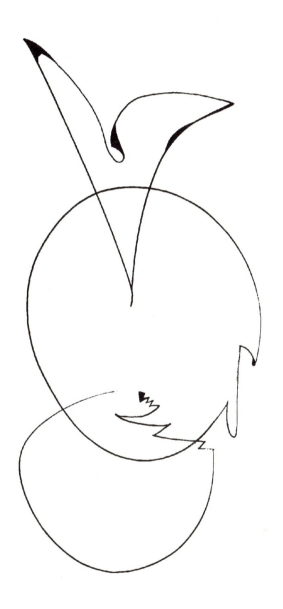

DER <u>TISCHE</u> NEBEL
SIECHT DER NEBEL
RECHTS DIE NEBEL
REDET SICH NEBEL
SCHILDERT EBENE
LESEN ERBE <u>DICHT</u>:

ERBTE ICH LESEND
<u>ERDE</u> NEBEL TISCH
NEBEL REDE <u>SICHT</u>
REDE NEBEL <u>TISCH</u>
NEBEL REDE <u>STICH</u>.

TISCHREDE LEBEN,
ES LEBEN DICHTER
DICHTES LEBEN, ER
ERDICHTE LEBENS
BESEN: ERDE LICHT,
EDER BESEN LICHT
LICHT REDE BESEN
DICHTER-ESEL BEN,
LEBT ICH DEREN <u>ES</u>,
ERLEBT ICH <u>ENDES
SCHNEE</u>, ERBT <u>LEID</u>,
ERBT <u>ESCHE</u> LINDE
ERBT <u>EDEN</u> SICHEL
ERBT <u>EDEL</u>NISCHE,
ICHES ELEND ERBT
NEBST DER LEICHE
DREI ELCHE, NEBST
DIE <u>LERCHE</u> NEBST.

BLECHE ERST DEIN
BLECH, DEINE REST-
ELBE RECHTS, DEIN
SELBER-ECHT, DEIN
SCHER-BETEL, DEIN
BESTER ELCH, DEIN
BESTER LECH, DEIN
ESCHER LEBT, DEIN
ESEL BRECHT DEIN.

BLEICH <u>ENDE</u> ERST
BLEICH <u>ENDE</u> REST:
<u>ER</u> IST <u>ENDE</u>, BLECH
LEBE <u>ENDE</u> STRICH
CHRIST LEBE, <u>ENDE</u>
LEBER ENDE TISCH
ENDE LEBER SICHT
LEBER ENDE STICH
ERLEBT ICH <u>ENDES</u>
<u>BLEI</u> SCHERT <u>ENDE</u>:
<u>BEIL</u> RECHTS <u>ENDE</u>:
<u>BEIL</u> SCHERT <u>ENDE</u>:
ECHT <u>SILBER</u> <u>ENDE</u>:
<u>LEIBS</u> RECHT <u>ENDE</u>:
<u>BLIES</u> RECHT <u>ENDE</u>:
RECHT <u>SILBE</u> <u>ENDE</u>:
LEB ICH <u>ENDE</u> REST,
LEB ICH <u>ENDE</u> ERST
SCHRIE <u>ENDE</u>, LEBT
SCHIER, LEBT <u>ENDE</u>,
LEBT SICHER <u>ENDE</u>

LEBT SICH ENDE ER,
ERB LICHTES ENDE
ERBT ENDE SICHEL,
SCHERT ENDE LEIB
ENDET ES ERBLICH
LIEBSTER HC: ENDE
DIETER SCHNEBEL.

wechsel : ein wehen

I.

wars das? ja? kommt da noch was? und obs das war. und obs das noch was nachkommt. und obs das nach dem was gekommen ist. na also. ja? na so kommt es schon nach. na so na halt kommt es nach. ach nichts. ja? nicht wars das obs das war was halt so nachkommt. dann eben nicht. was das wars das eben so war halt aha. wenn es denn mal endlich stillsteht. ja? warten wir halt bis es stillsteht ja? wars denn das nicht was es war als obs wars als es. wars denns das das nichts was es wars als obs wars als es? ja? jaja war es jedenfalls. wenns als obs. so nachkommens doch also na also obs gekommen was. kommens auch nachträglich halt wenns eben nicht war. so obs als das es auch als war. also wenn dann denn es nichts als halt so nachkommt ists eben auch mal endlich stillstehts. ja? na ja so kommt es schon nach. ja? so hierrein. ja? jetzt's'aus was da so da heißt. ja? lebenslänglich heißt lebenslänglich. wenn was war. wenns so war. wenns so war wenn was war. wenns so war wenn was war wenns so war. wenns so war wenn was war war was wenn war so wennssowar. oder wars das etwa jetzt auch schon. was einen laufsteg hat. was da so drüberläuft. und auch sich wendet und auch sich was wendet. ja? naja nicht überall. bleibt auch manchmal so. so unvollkommen. immerhin bleibt es was es war. mal auch so ein futtersilo. und auch streugut. wird da mal so eingestreut ja? so was als war ein körnchen wahrheit ja? aber nur beiläufig. aber nur unter anderen was. was mal so hineinguckt. und warum es eher etwas als nichts gibt und warum wars eher was als wars und warum wars wert was was wars war … was wars war wenns wendet … weh wunder warmer wasper war wotjake ... weh wunde wut er was perwoll wotjake ... wars es nicht alles nicht gibt ja das wars das wars ja schon gewesen das wars ja schonschön gewesen besser garnichts vorlaut. ach, hier ist aber schön warm. wie man so seinen weg geht wie wenn man. wie wenn man wie. ach so, ja? wie wenn man so seinen weg weggeht so seinen weg. ach ja, so? seinen weg geht [...] ja? [...] so wie man [...] und so ist es so ist es so ist es [...] na bitte. ja? jetzt aber mal schnell. ach ja? jetzt aber mal federn lassen. wenn was war nicht schlimmer nicht ist. was es war sitzt am tisch und aß. was er aßte ist weg. ja? ist unterwegs. was weg ist ist unterwegs. was weg ist ist unterwegs verlorengegangen. ein uhrwerk. ein udmurtischer weg war das. und er aß und aß bis alles auf war. und das wars dann. und es ereilte ihn jählings der Tod, sagt daniil. na macht nichts. na macht schon. na das macht schon schön. das macht schon lebenslänglich schön. wars das? ja? und obs das war. und obs das macht macht. und obs das macht macht. und obs da noch fragen gibt. macht das mal alleine. macht das mal alleine wars. so unten durch. so kapital. das was es war wars dann wohl. ja? oder kommt da noch was. was es wohl war wohl. was warm wann war wurde wärmer wohl. was wund war. ja? wen wundert was wohl wund war. was wohl wieder wund wird. ja? wunderwarme worte. wohl wieder widerliche widerworte. ja? was wann wen wundert wenn was wohl wieder wund wird wörtlich. warum was wann wen wundert wenn was wohl wieder wund wird wörtlich wohl wesentlich. ja? was wir wohl werden. was wir wohl wörtlich werden. was werden wir wohl wörtlich werden wenn wirklich wen es wundert was wohl wieder wund wird. ja? wanke. wen wunderts. ach wanke nicht. wenns was war wann wanke nicht. ist lebenslänglich. ist lebenslänglich schön und wund. wenns wen wundert wenns wund ist. wenns wundert lebenslänglich sind alle dabei. ja? wos dabei ist. wos mal soweit ist dabei. wos mal soweit unten ist. wos mal absteigt. wos mal lebenslänglich absteigt. wos mal transparent wird. lebenslänglich. wollen wal wicht wo wein. donnerwetterwetter. hier hängt er ja. hier kommts raus wie wer wenn. wie wenn wer wörtlich werde.

wohl war was weiterwill. wartaweil wars wohl. wos wohl war. wolang wobei waadt waag waal wabbelig.

wohl wunder was wohl wabe waberlohe wach wachau wachablösung wachfeuer wachhund wacholder.

wohl wachs wachseln wachsen wachsperle wachtel wacke wackeln wacker wad waddike wädli waffe waffel wäg wägelchen wäglein.

wohl weder wenns wohl wahr war wagner wägung wählig wähe wahlspruch wahlstatt wahn wahnfried wahr wahren währen wahrig wahrlich währschaft wahrschau wahrscheinlich wahrung waid waise wake wal walwala walache wald waldein waldaus walhall[a] walke wall wallach wallen wällen waller wallis walm walrat.

wenn wann es war was was war wenn walten walter walze wamme wampe wams wämschen wamsen wand wandale wandalisch wandel wane wanst want wanze waräger waran wardein wärmekissen warf warna warp warrant wart warte was wasa wasen waten watt watte wau webe wechsel wecke weda wedel weder weft weg wehe wehen wehl wehne weibel weich weiche weichsel weide weidicht weife weigand weih weihel weiher weil weiland weisel weißling weißzeug weiterfort weiterher weitern weiters weitgereist weitsicht weitung welf welk wellbaum wellung. wieder weiter was wohl wesentlich was wels welt wendung wenig werder werg werre werst wesir wespe weste wester wett wetzen wichte wicke widem widern widerrist widerruf widersee widerspiel widerton wiebel wied wiede wiedehopf wiederdruck wiederholen wiederum wiedewitte wiefern wiegbold wiek wieling wiemen wien wiepe wiesel wieso wieswachs wieten wieweit wiewohl wildschur wimmeln wimmen wimmer wimmet wimpel wimper wimperg wind winde windel windisch wingert wink winze winzig wirbel wirtel wirten wirz wisch wischwasch wismut wispel wispeln wittum wo woanders wobbeln wobei wocken wohlig wohlverleih wohlweise wöhrde wollach wölfen wolke wöllen wombat wonne woog worb worein worfeln wort worüber worum woselbst wovon wowider wrack wrasen wricken wringen wroge wruke wucher wucht wuhne wuhre wulfenit wulst wummern wund wune wunsch wupper wurf würgeln wurm wurst wurte wurz würze wusche wust wut wutschen

früher kam das ende früher. das ende kommt jetzt später als früher kam jetzt später das ende dran.
wars das wars das.

II.

CHILE   WEHEN   WESEN
WEHEN   WEN   ES   <u>CHILE</u>
WENN   ES   <u>CHILE</u>   WEHE
CHILE   WEH   WENN   <u>SEE</u>

SCHEEL WEHE WEN IN
SCHEEL WEINEN WEH
SCHEEL EI WEH WENN
SCHEEL WEH EIN WEN

EHELICH WESEN WEN
EICHEL WEHE WENNS
WEH WENN ES EICHEL
EICHELN WESEN WEH
EICHELN WEH WEN ES

WEN WEINS ELCH EHE
WENNS WIE EHE ELCH
WEIHEN ELCH-WESEN
WENN ES ELCH-WEIHE
ELCH WEIHEN WEN ES
WEHEN WEISEN ELCH
WIEN ES WEHEN ELCH
WEHEN WIESEN ELCH
WEHEN ELCH ES WEIN
SIE WEHEN ELCH-WEN
EIS-WEN WEHEN ELCH
WEHEN WEN SEI ELCH
WEN ELCH SEHE WIEN
WEN ELCH SEHE WEIN
SEHE ELCH WIE WENN
WEHE ELCH IN WESEN
WEN ELCH SEIN WEHE
WENN SIE WEHE ELCH-
EIS WENN ELCH WEHE
ELCH-WEH EIN WESEN

WEHE WENN SEI ELCH

ELCHE WEIHE WENNS
ESCHE WEHE WEN NIL
WEHEN ESCHEN WEIL
ESELCHEN WIEN WEH
HECHELN WESEN WIE
LEICHE WEHE WENNS
SEELEN-ICH WEH WEN
WIEN WEHEN SCHEEL
WENN SCHIELE WEHE
SCHWELEN EHEN WIE
WESEN HELENE WICH
EHE WEICHSEL WENN
WEICHES WEN LEHNE
WIE EHEN WECHSELN
EIN WEHEN WELCHES
WEHEN WEICH LESEN

WELCHE SEIN WEHEN

ESCHEN WEILEN WEH

WEIN-WEH ESELCHEN

HECHELN WIESE WEN
HECHELN WEISE WEN
HECHELN WIE WEN ES

LEICHE WEH WENN ES
LEICHEN WESEN WEH

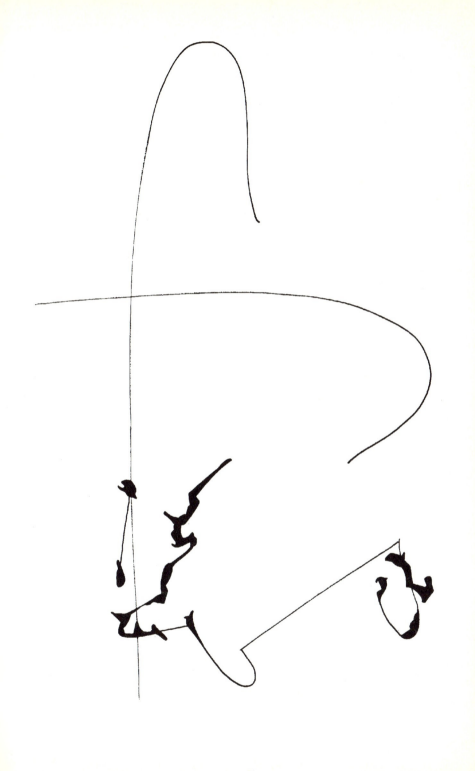

LEICHEN WEH WEN ES
WENN SEELE ICH-WEH
WEHEN WEN ICH LESE
WEHE WENN ICH ESEL
LESE WEHE WENN ICH
WEHE WENN ICH LESE

WEINE WEN SCHLEHE
WEN SCHIELEN WEHE

WELCHES WEN IN EHE
WEN HEINE WELCHES
WELCHES WIE HENNE
NEIN WEHE WELCHES
WELCHES WEHEN NIE
EHEN WELCHES WIEN
INNE WELCHES WEHE
WELCHES EINEN WEH

SCHWIELEN EHE WEN
SCHIELE WEHEN WEN
WEHEN SCHNEE WEIL
SCHNEE WEILEN WEH

SCHWELEN EHE WIEN
SCHWELEN WEHEN EI
SCHWELEN EHE WEIN
SCHWELEN WEHE NIE

WEHE SCHWELEN EIN
SCHWELEN EINE WEH

EHE SCHWIELE WENN
SCHWIELE WEN EHEN

WICH SEELEN-WEHEN
EHE LESEN WEN WICH
WICH EHE ESELN WEN
WENN EHE LESE WICH
WICH ESEL EHE WENN

LESEN WEICHEN WEH
WEHE EIN WECHSELN
WECHSELN WEHE NIE

EHE WELCHEN WEINS
WEIHEN ES WELCHEN
WELCHEN SIEHE WEN
WIE SEHNE WELCHEN
WIE SEHEN WELCHEN
WEHEN SIE WELCHEN
SEI WELCHEN WEHEN
SEHE WELCHEN WEIN
WELCHEN SEIN WEHE
WEHE ES IN WELCHEN
EINES WELCHEN WEH
SEIEN WEH WELCHEN
SEINE WELCHEN WEH
WELCHEN WEH ES NIE
WELCHEN WEH EIN ES
WELCHEN EISEN WEH

WECHSLE WEN IN EHE

HEINE WECHSLE WEN
EHEN WECHSLE WEIN
WECHSLE HENNE WIE
WEHEN WECHSLE NIE
EIN WEHEN WECHSLE
WECHSLE WEHE NEIN

WELCHE EHE WEN INS
SIEHE WELCHE WENN
WELCHE HENNE WIES
WELCHE SEHNEN WIE
WEIN WELCHE SEHNE
SEHEN WELCHE WIEN
EIN WELCHES WEHEN
WEHEN WELCHE ES IN
WELCHE WEHE SINNE

WICHEN SEELEN-WEH
WICHEN LESE-WEHEN
WICHEN ESEL-WEHEN

WELCH WESEN IN EHE
WELCH EI EHE WENNS
WELCH-WENN EHE SIE
WELCH EHE WENN EIS
WELCH EHE SEI WENN

HEINE WELCH WESEN
WELCH HEINE WEN ES
WELCH WEISE HENNE
WELCH HENNE ES WIE

WELCH SEHNE WEINE
WELCH WEINE SEHEN
WELCH EISEN-WEHEN
WELCH EINES WEHEN
SEINE WEHEN WELCH
WELCH WEHEN SEIEN
WEHE ES NEIN WELCH

WECHSEL WEN IN EHE
WEN HEINE WECHSEL
EHEN WECHSEL WIEN
WEIN WECHSEL EHEN
WECHSEL HENNE WIE
NIE WECHSEL WEHEN
NEIN WECHSEL WEHE
WEHE WECHSEL INNE
WEH WECHSEL EINEN
WECHSEL EIN WEHEN

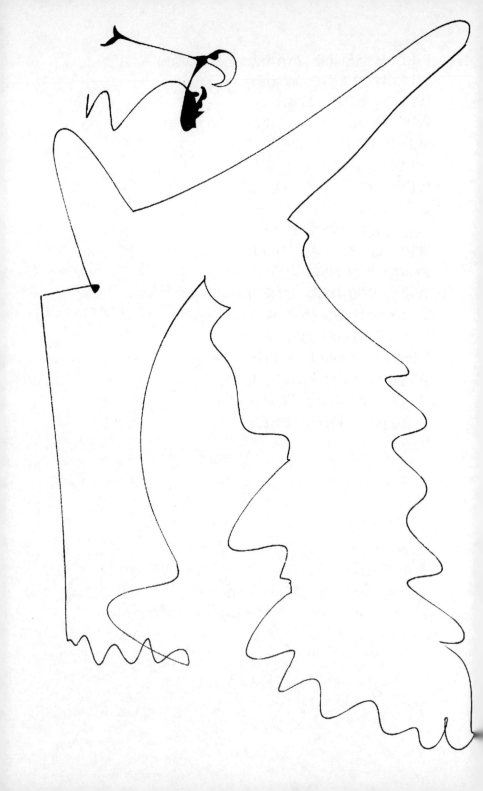

gar sein und gar nichts
für 2 sprecher

"Das Nichts nichtet."
Martin Heidegger

1 kennen Sie auch Ihre nichtse?
2 o ja, meine nichtse nichten.
1 was, Ihre nichten?
2 nicht doch, nichten, von nichts.
1 meine nichtse nichten nicht. sie nämmern.
2 aha! die nacht nämmert draußen.
1 ein glück, daß wir drinnen sind.
2 selbstverständlich. wir drinnen ganz schön hier drinnen.
1 und die leute draußen leuten.
2 fasse zusammen: wir drinnen, die leuten.
1 Sie kennen also Ihre nichtse?
2 o ja, meine nichtse nichten.
1 mir scheint, sie werden immer fetter.
2 wo denken Sie hin? meine nichtse nichten Ihnen gar nichts.
1 ich bin zernichtet.
2 o! er deklamiert!
1 entschuldigen Sie! ich habe mich verlaufen.
2 das ist immerhin! immerhin besser als gar nichts!
1 immerhin gar nett mit Ihnen jetzt.
2 net auszudenken, was später uns benommen macht.

(ein menschenleben später)

1 luise, die kartoffeln sind gar!
2 hubert, das wurd aber auch höchste zeit!

eine traurige geschichte
frühlingserwachen für 1 erzähler/sprecher
und 1 sprecher

1   *in seinem kopf stand kein möbel mehr. diesen zustand genoß er sehr. doch eines frühlings – da wußte er nicht mehr, wohin er sich wenden solle. er beschloß, eine traurige geschichte zu erfinden. auf dieser, das war ihm klar, würde er sich bald zur ruhe setzen:*

2   was halten Sie von dieser laune: "das leben ist eine einzige erinnerung"?
1   ich persönlich habe mich längst nicht mehr erinnert.
2   gibt es nichts in Ihrem kopf, durch das Sie lugen könnten? sagen Sie mir, was sehen Sie?
1   er sah aus wie ein verbrauchtes stück papier.
2   was sehen Sie noch?
1   ich sehe ein kleines tier. das immer so flüchtig ist. das den aufrechten gang erprobt.
2   was Sie nicht sehen. das arme tier ist wohl herzkrank.
1   um genau zu sein, ich sehe gar kein tier.
2   was Sie gar nicht sehen! und was dahinter ist!
1   moment. ich sehe etwas kleines. aber es ist kein tier. es ist eine wickelkommode die auf dem dachboden steht. jemand kommt und schüttelt sie.
2   da ist es nur eine frage der zeit, bis alle kinder brechen.
1   jetzt sehe ich, es ist gar keine wickelkommode, aber dachboden stimmt noch.
2   warum erhängen Sie?
1   ich will es geradgewachsen gestehen: zur entspannung.

eine frage noch!

1 eine frage noch! vorbilder verehrtest du?
2 ich hab in meinem ganzen leben zwei vorbilder gehabt. nachträglich. als beide dann verloschen waren, besann ich mich auf verständnislosigkeit.
1 losigkeit, verstehe. nun die kriterien noch!
2 mein zweites vorbild war die nachtlaterne.
1 da hat das leben dich endgültig aufgenommen.
2 es war eine einzige langtüttin.
1 die eisernen brüste schlugen dich tot. du hast einen tiefen und aus-ge-zeich-ne-ten geschmack.
2 das tittenwief mich zu sich rief und bot mir seine brüste an:
"frau anna marlene ittchen /
mit ihren eisernen tittchen /
packt dich am schlafittchen."
1 WUNDERBAR. damit war die lektion ja wohl gegessen.
2 mit sprache hab ich ja nie etwas anfangen können. aber dem kaiser sei des kaisers sei.
1 selbstverständlich.

meine herren!
(übergenaue artikulation, ein wenig aufgeregt)

1 unerreichbar. ja das ist. das ist unergiebig.
2 o wie schön. ein wie auch erquickendes thema. ein wie auch foppendes spannungsquiz.
1 weltthema, sozusagen. pansen. unverwüstliche wüste.
2 infinitesimal. Sie sagen es. kein tropfen blut, aber abbiegen hirnlings. und dann immer geradeaus.
1 da wären wir also. ein leuchtturm hieß uns landen. wir verfehlten die piste um antikenbreite.
2 sowieso alles gelogen damals. ich würde so weit gehen zu sagen, natur ist nirgends ein ort.
1 schwungvoll, mein lieber! da spricht gehörig das originalgenie.
2 locker bleiben! es genügt ein kühner blick ins munitionsdepot.
1 mal halblang! Ihre womöglich wie auch immer berechtigte kritik an wasweißich ist ein kompletter schuß in ofen. ich zitiere deshalb, öffentlich, das heißt für die siebenschläfer unter uns, aufgepaßt: [*monoton in einem atemzug*]
"... die Formation gesellschaftlicher Empirie zur Totalität vindiziert reflektierender Subjektivität das Zugeständnis, nicht länger selbst synthetisierender 'Schauplatz' komplexer Totalität zu sein."
2 one moment please. I have to break!
1 aber hallo! <u>das</u> ist scientia doctrinae, was!
2 was auch immer, hauptsache papier, voraussetzungslos.
1 Sie haben wohl abstehende ohren!
2 und Sie ein schrumpfhirn!

1 Sie argumentieren ohne arbeit!
2 Sie sind nichts als ein doktor für fliegenvaginen! quasi ohne standpunkt.
1 das ist beileibe nicht so!
2 und Sie sind eine stillgelegte registrierstube!
1 wieso "sind"?
2 Ihr antikes porträtfoto ist durch feuchtigkeit beschädigt.
1 Sie sind doch der, der wegen "Neuanschaffung eines solchen" ein "Altes Adressbuch" von 1884 "billig abzugeben" hat.
2 welches "solchen", mein lieber?
1 1884, altes adreßbuch.
2 1992, ein jahrhundertwerk später.
1 und immer noch der alte unsinn.
2 kommende jahrtausende werden kommen.
1 und teils zu nichts, teils nichts und gar nichts werden.
2 essen ist alles
1 ausscheiden war alles
2 Sie wollen das letzte wort haben
1 nein, <u>Sie</u> wollen das letzte wort haben
2 aber <u>Sie</u> <u>wollen</u> das letzte wort haben
1 aber <u>Sie</u> wollen <u>das</u> letzte wort haben
2 aber <u>Sie</u> wollen das letzte <u>wort</u> haben.

1 aber <u>Sie</u> <u>wollen</u> das letzte <u>wort</u> haben	2 aber <u>Sie</u> wollen <u>das</u> letzte <u>wort</u> haben
2 <u>aber</u> <u>Sie</u> wollen das letzte wort <u>haben</u>	1 aber <u>Sie</u> wollen das <u>letzte</u> wort haben
1 aber <u>Sie</u> wollen <u>das</u> letzte <u>wort</u> haben	2 <u>aber</u> <u>Sie</u> <u>wollen</u> das letzte wort <u>haben</u>
2 aber <u>Sie</u> wollen <u>das</u> letzte wort haben	1 <u>aber</u> <u>Sie</u> <u>wollen</u> <u>das</u> letzte wort haben

(kurze pause)
1 einverstanden. das letzte wort heißt "kathedrale".
2 kopfhörer auf. das letzte wort heißt "kathedrale": RUCKZUCK!
1 (*rasch*) katheder; k. o.; komiss; komprimiert; kompendium; kompensation; kaplan; kapelle; kastrieren; kabel; kondom; kontrollieren; kassieren; kenaf ...
2 nix richtig
1 Sie haben mich falsch verstanden
2 wer nur klug ist, weiß nur quatsch
1 Sie haben die falschen fragen gestellt
2 Sie haben die falschen antworten geliefert
1 ich habe das absolute ohr für das erheiternde
2 das ist kein ohr, das ist lachhaft!

höhle
eine gepflegte unterhaltung
(parlando)

1 sie führten mich in eine höhle.
2 nein, nicht in eine *höhle*.
1 doch, in eine *höhle*.
2 aber es war keine *höhle*.
1 sondern?
2 es war dunkel und naß.
1 nein, nicht naß, sondern klebrig.
2 nein, nicht klebrig, sondern salzig.
1 nein, nicht salzig, sondern finster.

2 aber es war keine höhle.
1 wie soll das denn klingen: "sie führten mich in *keine* höhle".
2 wenn's aber keine höhle war!
1 es war aber eine höhle, in der ihre schatten immer größer wurden.

2 dann war es ganz sicher keine höhle, weil es dunkel und naß war.
1 nein, nicht naß, sondern klebrig.
2 nein, nicht klebrig, sondern salzig.
1 nein, nicht salzig, sondern finster.

2 dann war es ganz sicher keine höhle, weil du ihre schatten gesehen hast.
1 es war aber eine höhle, weil ihre schatten finster waren.
2 du hast zuviel getrunken, und dann wirst du immer ganz traurig.

1	nein, nicht traurig, sondern schaurig.	*schnell*
2	nein, nicht hell, sondern maurig.	*aufeinander-*
1	nein, nicht schwer, sondern müde.	*folgend*
2	nein, nicht müde, sondern prüde.	.
1	nein, nicht böse, sondern möse.	.

2 wo soll das bloß enden mit dir?
1 enden wir frieden?
2 wie soll der schließen mit dir?

1 ich hab's: sie führte mich in ihre höhle.
2 aha, was neues. aber es war keine höhle.
1 doch, es war eine höhle.
2 na meinetwegen, dann hätten wir's ja.
1 aber du kommst nicht raus.
2 gegen den eingang ist jeder ausgang ein anderer eingang.

1 nein, nicht raus, sondern rein.
2 nicht rein, sondern weiß.

1 eine wirklich gute unterhaltung ist nicht aus sprache gemacht.
2 eine wirklich gute unterhaltung führt die dinge an der kurzen leine.
1 weiß ist aber gar nichts.
2 weiß ist die ausnahme, weil *weiß* eine schöne sache ist.
1 weiß ist finster.

2 aber es war keine höhle.
1 aber es ist die hölle, wenn du jetzt gehst.
2 es sorgt mich um dich.

1 nein, nicht sorgen, sondern socken.
2 du hast windpocken im kopf.
1 nein, nicht kopf, sondern höhle.
2 nein, nicht sinn, sondern höhle.
1 aber es war nicht hölle, sondern höhle.
2 die hölle der höhle der hölle der höhle der hölle.
1 zahlen!
2 du verläßt uns?
1 bergab.
2 landauf.
1 jedenfalls.
2 mit hartem strahl gekotzt.
1 ein komma im wind.
2 nicht komma, sondern koma.
1 das wußte ich.
2 was weißt du nicht.
1 daß das koma jetzt kommt.

kein zeit
2 sprecher
("verbaler stechschritt")

1 haben Sie ernstlich gearbeitet was? haben Sie ernstlich gewesen sind? getrunken und geraucht? die zunge in pelz gestückt? ernstlich was? haben Sie haben was? ernstlich die zunge in pelz gestückt? die aufgestanden mund hinaus mund hinaus? abend gesagt. na was, abend gesagt. haben Sie foto was. o ja, versprechen Sie bitte mir. o entschuldigung. o verzeihen Sie. fragen Sie was jetzt. ja, haben wir blumen. haben wir tag gehabt. tag gehabt. tag, bitte zweifellos. ja schön, wie wunderschön. gearbeitet, selbstverständlich was. butterbrot dabeigehabt. eine freude, ja was? akut gewesen. maschine akut gewesen. ei, haben wir schöne frühe gehabt. augen auf, frühe dagewesen. marschierstiefel, ach ja, marschierstiefel. akute marschierstiefel, marschierstiefelmaschinen, sogar. jetzt mal was erholen ... so, reicht jetzt. mal wieder arbeiten was. schon schön. das ist schon schön in marschierstiefel. die hat man lebenlang. lebenlang marschierstiefeln. bis aus ist. aber aber. weinen kein mensch. aus ist kein mensch. bett liegen, sonne gucken. sonne guckt auch. sonne sagt: so, jetzt genug gelegen, jetzt arbeiten. arbeiten ist auch so was. bis finster schuften. da haben wir was. na na, kein schön wort sagen schuften für arbeit sagen. gern arbeit. augen auf sonne sehn, das heißt gern arbeit. wecker macht schellen. augen auf, genug gelegen. füße in marschierstiefel.
2 kein zeit
1 füße reinstecken und schnüren
2 kein zeit

1 augen noch müd? ohren hören was. hören rattern eieruhr. o das ist hart. ohren schon hellwach, augen schon müd. ohren schmerzt. was tun? was tun augen? nachinnensinnen. was hören augen und nicht wahrhaben ohren wollen? ach so. lieber noch mal ohren haben für augen. gut. hast du jetzt zwei paar ohren. was siehst du? hast du augen verloren bei arbeit? nicht schlimm! schönes paar marschierstiefel dafür. kannst du immer marschieren. schönes paar marschierstiefel, ein paar ersatzohren! ohren ist besser als augen. besser sagen was ohren als schmerzen was augen. selbstverständlich. selbstverständlich habe ich das gesagt. ausgericht. jawohl. können wir feierabend machen.

2 so was erlebt auch. so was erlebt auch kein mensch. kein mensch alle tage.
1 was hast denn erlebt?
2 och, maschine auf, reinschmeißen, maschine immer noch auf.
1 wie blöd. o wie blöd. böse maschine!
2 ja, ich steh auch rum und weiß nicht, können nix machen.
1 schlimm schlimm. frage ist, was tun.
2 ich immer noch nix machen. steh da rum wie blöd. wie blöde maschine.
1 bös bös. erfreulich spannend!
2 ja, und maschine hat maul auf, ich drücken und drücken, maschine hat material schon inne fresse, ich mit fuß wippen, dann bricht feuer aus.
1 ach so, ach kenn ich ja.
2 bricht feuer erst mal aus, kannste nur noch löschen.
1 dickes ding. habt ihr aber was zu löschen gehabt.

2 war schwer zu löschen, war im urwald.
1 blödverkaufen, was!
2 war dickes urwaldfeuer, kannst nix machen.
1 problematisch, weiß schon, problematisch.
2 niemand weiß, wo der liegt.
1 haste kein zeit für. mensch, kenn ich
2 sagste, hier ist feueranfang, haste   1 mensch, kenn ich
     mittagspause.
     hat aber maschine maul auf, mit   .
       urwald
     inne fresse. packste erst mal   .
       butterbrot aus,
     machste zähne auseinander,   .
       schiebste stullen rein.
     guckst dir dat noch mal an.   .
       kannstet kopfschütteln kriegen.
     hastet butterbrot weg, kannste   .
       nur noch kopfschütteln.
     hastet schütteln satt, kriegstet   .
       zittern.
     fängste an zu schweißen, brennt der   .
     urwald immer noch.   .

1 haben Sie ernstlich gearbeitet was. haben Sie ernstlich gewesen sind. ernstlich was. haben Sie haben was. haben Sie ernstlich o ja. reihn raus. haben Sie rein raus. selbstverständlich was. o ja. rein raus. haben Sie rein raus. selbstverständlich was. o ja. reihn raus. haben Sie rein raus. selbstverständlich was.

2 jetzt sind wir zu weit gegangen.

1 der urwald ist schuld.
2 urwald war quatsch.
1 urwald ist sowieso falsch.
2 da steht kein baum mehr.
1 da sitzen wir drauf.
2 sitzen wir drauf und quatschen.
1 kannste vergessen.
2 kannst vergessen auch und quatschen.
1 so, und quatschen.
2 ja haben wir quatschen auch und auch vergessen.
1 o wie schön. haben wir quatschen und vergessen. haben wir beides auch.
2 haben wir haben wir.
1 ja, wird zeit. wird zeit auch dafür.
2 wird zeit gür marschierstiefeln.
1 kein zeit mehr.
2 nein
1 ja

ein kleines kinderspiel
für 2 sprecher

1 entspricht es der wahrheit, daß wir uns geirrt haben?
2 o, nicht ohnbedingt.
1 selbstverständlich nicht. zählen wir also auf, was wir noch haben.
2 also, hier ist einmal eine lutschstange. schon zur gänze weggelutscht.
1 ich habe hier neben mir einen schoppen wein. vollständig ausgesoffen mitsamt glas.
2 eine tüte spaß in tüten hätte ich noch zu bieten. für jungen. leer.
1 sehr lehrreich! als stuhl hätte ich noch anzubieten ein wörterbuch auf französisch, aber das ist ja kein stuhl, das hat ja keine beine mehr.
2 jetzt bitte keine übererregung: als klingelbeutel all dieser nützlichen dinge schlage ich vor diesen alten hut.

1 und ich das hochgericht   (*schnell aufeinanderfolgend*)
2 und ich das hauptgericht   .
1 und ich das leibgericht   .
2 und ich meine seele   .

1 da finden wir nichts mehr wieder. nichts mehr wie es früher war. nichts mehr genau so.
2 nichts mehr genau so aber anders.
1 genau so aber anders, aber anders nicht.
2 aber moderner
1 aber fassungsloser

2 ja natürlich, aber mehr
1 na logisch mehr, aber mehr auch nicht
2 ist ja klar, hier war ja schon früher nichts los
1 früher war hier gar nichts los
2 jetzt haben wir wenigstens mal darüber gespracht.
1 haben wir wenigstens den mund geöffnet und geschließt.
2 respeckt!

1 du kannst den mund besser schließen
2 du kannst den mund auch besser schließen
1 beide können wir den mund nicht sehr gut öffnen.
2 das hat man heute so, das ist modern.
1 wir haben eine gut moderne luft geatmet.
2 <u>früher</u> war die luft moderner.
1 <u>früher</u> war die welt der zeit und dem traum nach unendlicher.
2 <u>früher</u> hat man einen schweren quatsch gedacht.
1 <u>früher</u> gab es noch richtige kerzen.
2 es war ein schönes damals.
1 damals hat es ja auch noch keine krankheiten gegeben.
2 das sind ja so fortschrittliche erfindungen.
1 und dann kamen die irrenärzte, und dann kamen die irren.
2 ob es eigentlich egal ist, ob wir das sagen.
1 mal nachdenken. der kritische philosoph wird hierüber in armut und ruhe versetzt.
2 der rest der welt schert sich darum einen feuchten kehricht.
1 den rest der welt kümmert das einen dreck.

2 waren wir bislang bissig genug?
1 wir haben bestimmt noch eine kleinigkeit vergessen.
2 ich kann beim besten willen nichts mehr finden. ich wüßte nicht, was noch fehlen könnte.

1 wir waren <u>brutal</u> gut.
2 wir waren <u>ham</u>-<u>mer</u>-<u>mäß</u>ig.
1 wir haben alles zermalmt.
2 es ist nichts mehr übrig.
1 wir werden in den himmel kommen.
2 wir werden frei sein.

daß
intermezzo für 2 sprecher
(in gleichmäßigem, ruhigem tempo; .. = stille)

  ..
  ..
  ..
  ..
  ..
  ..
  ..
  ..
  ..
1 <u>was</u> denn?
  ..
  ..
  ..
  ..
  ..
1 <u>was</u> denn?
2   *(verzögert)*   – was?
  ..
  ..
  ..
  ..
  ..
  ..
  ..
  ..

..
..
2 augen
..
..
..
..
..
2 augenlicht
..
..
..
1 – was
2 warm –
..
..
..
..
..
..
..
1 hauptsache, daß
..
..
..
2 daß –
..
..
1 daß –
..

..
..
..
2 daß.
..
..
..
..
..
..
..
..
1 licht
..
..
2 abermals
1   mals:
..
2 aber –
..
..
..
..
..
1 aber?
..
..
..
..
..
..

2 [*aufstehen, den raum verlassen*]
..
..
..
..
..
..
..
..
1 schon gut.
..
2 [*den raum wieder betreten*]
gut.
..
..
..
..
..
..
..
..
..
..
2 auch nicht
..
1 gut.
2   vielleicht …
..
..
..
..

..
2 leicht
1 eicht
2 vielleicht
..
1 ist
2 vielleicht
..
..
2 viel
1 eicht
..
2 vielleicht
..
..
..
..
..
1 auch nicht
..
2 vielleicht
1 auch
2 nicht
..
..
1 vielleicht.

wie ich bereits sagte wie ich darauf gekommen bin
kleines sandkastenständchen

1 wie kommen Sie darauf?
2 ja!
1 wie kommen Sie darauf?
2 ja!

1 –
2 ich bin dann abgebogen und dann wie Sie gesagt haben
1 –
2 und dann wie Sie gesagt haben
1 –
2 wie Sie gesagt haben.

1 ja
2 –

2 ja und dann hab auch ich es gesehn
1 –
2 – ja und dann war es da
1 und dann waren Sie da.
2 und dann war es da.

1 ja
2 ja, und wie bereits gesagt.
1 und dann sind Sie darauf gekommen
2 und dann bin ich ja abgebogen.

1 und vorher nichts?
2 vorher auch.

1 ja
2 –

1 ja und?
2 ja und was?
1 was Sie da gesehen haben.
2 ja, wie ich bereits sagte.

1 ja –
2 ... war schön
   ... war schon sehr schön
   ... war schon ausgesprochen ...

1 und nachher?
2 und nachher wie vorher.

1 und das so kurz vor bremen?
2 vorher schon

1 ja
2 abgebogen
1 einfach so?
2 ja, nachher.

1 und Sie waren auch dabei?

2 nein.
1 aber hat man helfen können?

2 ja, abgebogen.
1 hat man helfen können?
2 ja, natürlich.
1 hilft man denn da?
2 –
1 wo Sie hergekommen sind.
2 abgebogen …
1 wie es wann war wie es war denn wahr ist
2 ja –
1 halb so schlimm ist das so schlimm halb ist das so schlimm so das ist schlimm halb so

2 das hätten wir. aber wir hätten das gern so. das hätten wir.

1 ja wenn das alles ist.
2 ja, das ist so.
1 und dann sind Sie ausgestiegen …
2 warum auch nicht. fragt man heute. tagaus, tagein fragt man warum auch nicht
1 und passiert.
2 soweit gesund. soweit danke. so weit so fahrt.

1 verbeugung.
2 vorverbeugung.
1 vor verbeugten leuten.
2 vor leuten.

1 und dafür der ganze aufwand?
2 und wie ich bereits sagte wie Sie darauf gekommen sind.

1 auf Ihr bestes!

2 auf auf – ab ab!
1 auf auf
2 auf ab!

IT'S YOUR TURN oder
EINFACH GENUG
für 2 sprecher
("schwungvoll")

1 kann man   das kann man das   nicht einfacher sagen?
2 denn was?
1 das nicht   das kann man das nicht   einfacher nicht sagen?
2 einfacher denn was nicht denn einfacher?
1 erlaubung! ich will erklären. das hier ist wort. so. und das hier ist mund. mund auf und sachen rein. mund zu und sachen verpacken. maul auf und: aha, verstehe!
2 erlaubung auch! das ist zu schwere sachen. das ist hammer für blödmann.
1 stattgegeben. das trifft nagel auf den kopf. das ist verstehen jeder.
2 ja jeder, aber nicht alle alles.
1 nicht restlos alle alles. sehr wichtig! sehr wichtig nicht restlos alle alles vollkommen. nicht vollkommen alle restlos nichts. was auch für sachen!
2 können Sie buch schreiben wegen.
1 zweifellos ein dickes buch schreiben drüber von rechts wegen.
2 dickes buch schreiben und zufrieden sein.
1 zufrieden einkaufen können.
2 dickes buch heißt dicke leistung. dickes lob dafür kriegen. rote wangen.
1 erfolg haben und überschnappen.
2 sehr richtig das jetzt. überschnappen und in die klapse kommen.

1 brillant. in die klapse kommen und buch an den kopf kriegen auch noch.
2 buch schreiben drüber, erfolg haben, in die klapse kommen und buch an den kopf kriegen auch noch.
1 [*accelerando*] das versteht aber wirklich jeder wirklich. ja das ist gut das ist gut weil jeder wirklich das versteht o ja das ist wirklich gut sehr gut das ist nur zu gut weil das ja restlos ja jeder vollkommen verstehen kann weil das ja auch absolut richtig ist und jeder das ja sehr sehr gut zu gut nur wirklich schon immer von von von vornherein, klar das ist es das ist ganz einfach so ein erfolg haben so und so ein dickes buch geschrieben so und das ist dafür davon das heißt kriegen das ist das kann das wiederholen das versteht aber wirklich aber so aber aha ja so und was das was nicht meckern ganz klar ganz klare quittung a-aha quittung was auch einfacher geht einfacher geht ist klar ja ist klar so klare sachen so klare so so jawohl ja quittung verstehe verstehen sich auch von selber aha so klar so ganz klar so unbedingt so klar so folgerichtig so ja was dinger mensch was sachen was machen was auch kein (*ritardando*) was nicht zum heißen rund um geht rund geht und jetzt noch mal: (*so schnell wie möglich*) riß die metallgitter menge nieder knüppel bewarf zahnpasta bestritten berichte gesamte hauptgeschäftsstraße reicht ja ja ja jetzt reicht regelrecht zu tun hätten zu tun hätten ja zu tun hätten reicht ganz klar so ganz so so reicht so ein harter und anderen harten gegenständen durch wie und ausgeraubt stunden ausgeschrittene aufgebrochen zahnpasta ja reicht jetzt reicht bis übermorgen.
2 das reicht reicht wirklich dicke. dafür kein buch mehr schreiben müssen. dafür kommen in die klapse umsonst. dafür kommen in klapse total schon jetzt.

1 haben wir also schönes thema. haben wir also schöne diskussion gehabt. haben wir schönes thema schönere diskussion gehabt. haben wir frage gehabt. haben wir gefragt: kann man das nicht einfacher sagen. habenwirhattensollensein!
2 denn was? denn was denn habenwirhattensollensein?
1 denn habenwirhattensollen einfacher sein.
2 war stark genug auch kompliziert. auch kompliziert hattenwirhaben einfacher sein.
1 sowieso. sowieso einfach genug. da haben wir zu tun.
2 könnte es gewesen sein fast. könnte gewesen sein schlimm fast einfach genug. einfach genug zu tun.
1 schlimm fast einfach genug fragen.
2 einfach genug zahnpasta. haben gesagt. haben wir gehört.
1 einfach genug liebe. haben gemacht. haben wir gehört.
2 so einfach nicht. so einfach nicht quälen.
1 –
2 maulaffenfeil. so einfach nicht. so einfach maul   so jetzt   so halten   so einfach nicht.
1 geht rund um. geht rund und jetzt noch mal: (*so schnell wie möglich*) riß die metallgitter menge nieder knüppel bewarf zahnpasta bestritten berichte gesamte hauptgeschäftsstraße reicht
2 du partner du, ich gespräch! du aber maulhänger!
1 du mauke!
2 du mauerblümchen! du einfach!
1 du mauerspeis! du auch einfach!
2 o wir gelangen in beschimpfungsschwung.
1 o wir unausstehlich. o wir gelangen.
2 o wir gebildet. wir gebildet uns einfach ein.
1 das ist einfach. das ist einfach aus. das ist einfach aus der luft.
2 das ist hören bis augen weg. das ist zahnpasta.

1 das ist zahnpasta jawohl und kneifen.
2 und –
1 und –

das(s) kann man da(s)
reaktion auf "IT'S YOUR TURN oder
EINFACH GENUG"
3 sprecher
1 geräusch

I

kann man nicht das <u>nicht</u>-nicht das

...

kann man nicht das <u>nicht</u>-nicht das

...

das ich das man nicht das

...

kann man das ich nicht kann nicht kann ich das

...

was kann ich nicht das   kann ich nicht das kann

ich das ich nicht kann nicht ich

...

II

was <u>nicht</u>

<u>was</u> nicht

...

nicht

...

was

...

...

was nicht was ich nicht

was ich nicht kann das ich nicht das nicht kann ich

...   ...

was ich nicht das kann ich nicht ich das kann   ich was man

was was man kann nicht das ich ich nicht kann das nicht kann ...

das ich ...   das ich ...

das ich ...   ...

...   das ich ...

das ich kann nicht nicht ich kann das

nicht ich man nicht-nicht ich das nicht ich nicht das   ...

das ich das-das kann das ich nicht nicht man das ich-ich nicht ...

...   kann das ich nicht kann

kann das ich nicht kann nicht das ich   ...

...   das ich ...

das ich ...   das ich das ich nicht das icht …

…

ich man kannte nicht

…

nicht ich nicht

…

ich nicht

…

das ich …

…

ich

…

…

dass ich man kannte

…

nicht ich

…

nicht ich nicht

…

das kann ich ich

…

ich

…

ch

III

das ich nicht das
das ich nicht das nicht
nicht das nicht ich das nicht
nicht das

I	II
nicht das kann	nicht
nicht das kann nicht	...
nicht	
	nicht
...	...
nicht-nicht	...
n<u>cht</u>-cht	...
...	...
<u>nicht-nicht</u>	...
...	nicht
n	...
...	
man	

nicht-nicht
...
n<u>cht</u>-cht
...
n<u>i</u>-<u>t</u>
...

nicht das ich das nicht kann nicht
kann

kann man   das kann man das   nicht   …

…   …

…   …

n̲ das ich kann icht
das n̲ icht kann
das n̲ icht k̲a̲n̲n̲ icht-ich   [sforzato: 1 geräusch (schmatzen o. ä.)]

simultane artikulationen: jeder sprecher sucht sich beliebige sequenzen aus allen spalten aus, die er – in dynamik und tempo wechselnd – frei kombiniert.

im duktus sollten sich alle sprecher möglichst deutlich voneinander abheben.

die sprecher können die sequenzen auch ad libitum verändern: z. b. abrupt abbrechen, mehrmals repetieren, umstellen u. ä. oder ein einzelnes wort, einen einzelnen laut zerdehnen.

zungenschnalzer, lippenschmatzer, atemgeräusche, geräuschhafte mißfallenskundgebungen u. ä. sollten die jeweils ausgewählten und/oder veränderten passagen gelegentlich unterbrechen. es ist auch möglich, gemeinsam in eine geräuschphase einzumünden, mit der dann dieser freie abschnitt beendet wird.

II
(in einem nachsinnenden tonfall:
ruhig, bedächtig)
sag mal, ...

hat ein unbescholtenes dasein
losung, aufruhr und gerede nebst fünf anagrammatischen verrückungen mangelhafter behauptungstatsachen
aus: "mixed. live"
für 3 sprecher (. = jeweils ca. 1 Sekunde Stille)

3 ruhe!

. . . . .

. . . . .

1 senid<u>a</u>-dasen<u>i</u>? *gehetzt*
2 tel<u>e</u>ls-senida ber<u>a</u>? "
1 <u>i</u>sen-nise tel<u>e</u>ls nudaseni ar<u>e</u>b? "
2 <u>i</u>sen hene <u>a</u>ssnal - nad<u>u</u>seni hur-d<u>o</u>t - ag<u>e</u>tt amehe r<u>a</u>bt? "
1 lehel dere bage ont nestal herit sut<u>e</u>g-ham<u>e</u>t? "
2 ont r<u>e</u>de ont h<u>a</u>ts-hirn telsel tema tet<u>a</u>? "

. . . . .

1 hat . . .   2 hat . . .
   . . . gerührt   . . . .
   . . stehen .   . . dastehen .
   . abgestellt lassen gerührt   . abgestellt lassen gerührt

   hat . geatmet   geatmet . hat

. . . . .

1   hat . . regte
    . . . .
    . . dasteht .
    . . dasteht hat
    . . .

2   hat stellt . .
    . . . strich
    . . . .
    . . . .
    tagte . .

. . . . .

1   hat. . .
    . . . .
    . . . .
    . . ansehen .
    gab . . .

2   steht. . .
    . . . .
    . . . .
    . . ansehen .
    gab . . .

. . . . .

1   dasein dasein stelle
    dasein aber
    sein ehenanlaß undasein uhr
    not
    tod gatte haeme bart
    tod
    .
    tod
    .
    hirn
    .
    atem
    .

2   sein sein stelle
    undasein rabe
    helle rede gabe

    lasten hirte gutes thema
    .
    erde
    .
    hast
    .
    stelle
    .
    etat

. . . . .

1 hat das dasein von
    ein dasein dort gerührt
    unbescholtenes dort stehen

    stelle
    dasein abgestellt
    lassen gerührt
    geatmet aber hat

. . . . .

2 hat das sein nicht
    ein sein dort nicht
    bescholtenes dort da-
        stehen
    stelle
    undasein abgestellt
    lassen gerührt
    geatmet rabe hat

1 hat das ein regte
    ein sein ehenanlaß sich
    undasein ab dasteht uhr
    es tod dasteht hat
    gatte haeme bart

2 hat stellt die helle
    rede gabe not strich
    nie hart lasten hirte
    an das sehr gutes
    tagte thema aber

. . . . .

1 hat steht tod von
    erde als in der
    nie tod hast hirn
    an das ansehen stelle
    gab etat her atem

2 hat steht tod von
    erde als in der
    nie tod hast hirn
    an das ansehen stelle
    gab etat her atem

. . . . .

1 hat erde nie an sohlen besinnt,
    und es festigt misere schere neu.
    da steht als tod das artig leben,
    das der tod in hast ansehen laesst.
    ach gitter huschte von der hirnstelle

3 aha,

atem gab etat her.

. . . . .

2 hat rede nie an sinn bestohlen,
    und sein messer sei gefürchtet.
    da stellt gabe hart das todsein.
    dass da die notlasten sehr hasten.
    von der nachthelle strich hirte gutes
    aber thema tagte.

3 aha,

. . . . .

1 hat ein undasein es bescholten
    an der seite ihres namens geführt.
    hat das sein ab tod dargestellt.
    dass dort ein ehenanlass dasteht.
    von der stelle regte sich uhr. hat nicht
    gatte haemebart?

. . . . .

2 hat ein bescholtenes undasein
    an der seite ihres mannes geführt.
    hat ab da das sein dort gestellt.
    hat das sein dort dastehen lassen.
    hat der sich nicht von stelle gerührt.
    hat rabe geatmet.

. . . . .

1 hat ein unbescholtenes dasein

an der seite ihres mannes geführt.
hat das dasein dort abgestellt.
hat das dasein dort stehen lassen.
hat sich nicht vonderstelle gerührt.
hat aber geatmet.

jenseits von diesseits
kleine gesellschaftsrunde für 4 sprecher
(flott durchgesprochen, .. = stille)

1 jenseits
2 diesseits
1 diesseits
2 diesseits
1 seits
2 seits
1 breitseits jenseits

..

1 quer
2 hoch
1 grün
2 hoch
1 windung
2 diesseits
1 offen
2 diesseits
1 ersticken
2 diesseits
1 sonne

..

1 pulver
2 diesseits

..

2 pulver

..

1 futter

2 kragen
1 jenseits
2 diesseits
1 wendung
2 tafel
1 himmel
2 sonne
2 krone
1 (–)
2 baum
1 wetter
2 dagegen
1 gegen
..
2 lichtung
1 jenseits
2 jenseits
3 handtuch
1 (–)
2 (–)
3 sommer
1 (–)
2 (–)
3 jenseits
  grün
  seits
  hoch
  offen
  diesseits
2 diesseits
1 jenseits

..
3 polarwind
..
..
2 weniger!
3 nordlicht
2 weniger!
3 taglicht
2 weniger
3 mund
1 jenseits 2 diesseits
..
1 normaltag
2 "mux normaltag" 3 "mux normaltag"
1 supernova
3 weniger
1 erdekomet
3 diesseits 2 diesseits
1 kommando
2 stillstand
1 (–) 3 (–)
2 pulver
quer hoch grün windung diesseits offen ersticken sonne –
pulver –
1 futter
3 kragen
2 und
3 und
1 und waren auch vögel im baum
3 sicher –
2 jenseits –

1 hochzeit
2 jenseits
1 hochzeit

..

2 südseeinsel
1 insel
2 (–)   3 (–)
1 insel
3 natürlich
1 jenseits
2 diesseits
1 jenseits
3 abschiedslosigkeit   *langsam*
1 weisheit gebrauch hotel singspielhalle   *sehr schnell*
3 automat antenne gebrauchtwagen lustspieltempel   "
2 tempel stempel worte orte   "

..
..

3 jenseits   *normal*
2 diesseits
3 diesseits
2 diesseits
1 bruttoregistertonne
2 donaudampfschiff
1 kapitän morgentoilette wäscheleine
2 normaltag
                          3 mux –
..
2 normaltransit
1 diesseits
3 regen

1 (–)
3 diesseits

..

1 diesseits
2 trauben
1 tropen
3 taumel

..
..

1 taumel

                               2 tropen

..

1 tropen   2 taumel

..
..
..

4 was is?

..

1 jenseits
2 diesseits

..
..

3 diesseits

..
..
..

4 was is?

..
..
..

4 was is?

..
1 taumel
2 diesseits
3 tropen
2 diesseits
1 jenseits
..

..
1 was is?
..
4 was is?
..

..
4 was is?
2 aufräumen
1 lappen
2 tuch
1 lappen   4 was is?
..
2 passe
..
3 passe
..
4 was is?
2 passe
1 liebe aufräumen tuch
2   tropen
1   passe
..
..
..

4 was is?

..

4 was is?

..

3 passe

                                4 was is?

2 was is?   4 passe

1 was is?

..

..

4 schöne reise

..

..

4 schöne reise   1 was is?

ABSPRACHE
für 3 sprecher [1–3] und 1 souffleur [4]

1 appetit?
2 appetit
1 nudeln?
2 nudeln
1 soße?
2 soße
1 arbeit?
2 arbeit
1 fleiß?
2 fleiß
1 spaß?
2 spaß
1 spaß?
2 spaß

1 spaß?
2 spaß

1 vergnügt?
2 ja
1 vergnügt?
2 vergnügt
1 wein?
2 bier
1 wein?
2 bier
1 wein?

2 ja
1 wein?
2 wein
1 trinken?
2 nein
1 trinken?
2 saufen
1 saufen?
2 saufen
1 mampfen und saufen?
2 fressen und schütten
1 essen und trinken?
2 hau rein und weg
1 angst?
2 jawohl
1 unterhalten?
2 bitte

1 auch appetit?
3 auch appetit
1 auch nudeln?
3 auch nudeln
1 auch soße?
3 viele soße
1 auch soße?
3 gern
1 auch soße?
3 auch soße
1 auch spaß?
3 auch gern viel spaß
1 spaß?

3   herzensfreude?
1   spaß?
3   gejauchze?
1   spaß?
3   schnurrpfeiferei
1   spaß?
3   dankbarkeit?

1   spaß?
3   ablenkung
1   spaß?
2   klimbim
1   spaß?
3   ulk?
2   genuß
1   spaß?

2   wein ist alle
1   wein ist ausgesoffen
2   nudeln sind weggemampft
3   vergnügt?

1/2/3   darf ich ihn vorstellen?

1/2/3   was ist das?

1   ist
2   das
3   ein ?

3   das

2   ist
1   ja
2   ein
1   eine
1   ein_e_

1/2/3 das ist ja eine
2   sauerei
3   sauerei

3   haben Sie das gesehen?
1   ... haben Sie das gesehen.
2   das hinkt ja
       das hat ja noch viel vor sich
       das hat ja einen haken
       das ist ja ohnmächtig

1   das ist nicht von hier
2/3   o nein das ist nicht von hier das ist <u>von</u>
1   ist das nicht von hier?
2/3   o nein das ist nicht von hier das ist von
1   ist das <u>nicht</u> von hier?
2/3   o nein das hinkt
3   das hinkt und läuft
       das hinkt und läuft und steht auf
       das steht auf und faßt sich an den kopf

1/2   ah! jetzt sehe ich's
1/2   wie das da so hängt
1/2/3 wie das da so hängt geköpft jetzt sehe ich's

1   spaß?
2   spaß
1   spaß?
3   spaß

3   noch nudeln?
1   nudeln sind alle
2   sind alle

1/2/3 aha!

        4   (*flüstern*) spaß satt gehabt jetzt ernst!
1   mh?
        4   (*etwas lauter*) spaß satt gehabt jetzt ernst!
2   ach so!
1   neues spiel neues glück
3   neues glück sofort

        4   (*flüstern*) wenn aber der jetzt mal ...
3   wenn aber der jetzt mal /
2   Sie gestatten: wenn aber der jetzt mal sein quittungsbuch <u>oder</u> seinen ausweis <u>oder</u> seine papiere <u>oder</u>
1   wenn aber der jetzt mal // seinen <u>hut</u>!

3   hut ist das allerwenigste
2   hut kommt zuletzt

        4   (*normal sprechen*) hut ist firlefanz
1/2/3 hut ist ...

2   bitte!
1   bitte!
2   bitte!
3   bitte!

1   hut ist aber firlefanz
3   hut sind aber fisematenten
2   hut ist aber mumpitz
3   hut nimmt ihm keiner ab
1   hut müßte mal überdacht werden

4   haben Sie noch hunger ...
1/2/3   "nein danke"

1/2/3 [*stumm sprechen*]

[*'plausch'; rasch: die einzelnen worte müssen nicht unbedingt verständlich sein; hat ein sprecher momentan keinen text, kann er auch beliebig vor sich hin "brabbeln". die folgende passage versteht sich als eine mögliche vorgabe des "gesprächs"; [4] sucht beständig einen sinnvollen satz.*]

4	als ...	1	sind Sie ein liebhaber von
	während ...		guter musik?
	sie ...	3	für gewöhnlich rauche ich
	die ...		pfeife
	straße ...	2	haben Sie denn gar
	[*räuspern*] straaaße		keine freude an einem

als …
während
sie   3
den …
[*räuspern*]
…
[*bestimmt*] als während   2
sie das entlang
[*räuspern*]
[*halblaut*] als während

sie die während sie
das entlang das
und es hörte sich an
wie   1
ein

frosch
[*räuspern*]
[*händeklatschen*]
[*laut*] war es sehr …

wirklich sehr ausge-
lassenen fußballspiel?
das schuhezuschnüren
verstehen Sie das wäre
ja das letzte gewesen
wenn ich das nicht …
in anbetracht der
letzten mondfinster-
nis: denken Sie da
nicht manchmal an
eine
geradgewachsene voll-
mundig strahlende
straßenlaterne?
ach ja, darauf freue
ich mich schon, aber
"wenn's
kracht ist's
allemal mehr wert als
wenn sich gar nichts
rührt" oder ähnlich

3   kann sie nicht oder will sie nicht
2   sie muß transponieren
1   sie hat den richtigen ton noch nie getroffen
4   glaubt sie denn im ernst …
1   glaubt sie denn im ernst zu sein?
2   glaubt sie denn im ernst sie sei …

4   war es sehr vergnügt …

3 frohmütig klingt besser
1 frohgemut wäre gelungen
3 daseinsfreudig wäre die krone
1 sonnig wäre nicht übertrieben
3 ungetrübt wäre prägnant
1 ergötzlich wäre ...
3 aufgeräumt wäre ...
1 aufgekratzt
3 gut aufgelegt
1 fidel
3 gediegen
1 ulkig
3 drollig
1 putzig
3 schnurrig

1 jetzt aber mal aufgepaßt:
   g o t t v o l l
3 jetzt aber mal angeschnallt:
   z w e r c h f e l l e r s c h ü t t e r n d

1 a r k a d i s c h !

3 z u m   s c h i e ß e n !

2 u n b e z a h l b a r !

ja, das war aber schwer was.
für beliebig viele sprecher
(einsatz kanonisch; sehr langsames tempo)

ja, das war aber schwer was. das war auch schwer. und schwer war das und untröstlich. schwer wie das war und untröstlich. wie das war und schwer und untröstlich. das war die ganze zeit so. und es war die ganze zeit schwer. und die ganze zeit war es untröstlich. und die ganze zeit und schwer und untröstlich. es war schwer als es anfing und schwer war es. wie es auch schwer war und untröstlich. die ganze zeit. die ganze zeit schwer und untröstlich. wie es auch zu ende ging schwer und zu ende ging schwer und untröstlich. genauso war es. genauso schwer, bis es wieder anfing und so war es untröstlich. so war es untröstlich als es wieder anfing. so war es. und so war es laut und leise. und das fing an. das fing schwer an. fing schwer an. fing langsam an. daß es aufhörte. daß es untröstlich war. das fing an als es schon schwer war. schon schwer genauso. genauso war es. so war es untröstlich. so war es als es untröstlich war. als es zu ende ging war es untröstlich. es war als es zu ende ging als war es untröstlich. als war es untröstlich. bis es wieder anfing und bis es zu ende ging. bis es wie es war. wie es war als es anfing. und das war schwer was. ja, es war schwer. das war auch schwer. und schwer war das und untröstlich.

welt der bücher

beliebig viele sprecher nehmen in kanonischer abfolge von einem jeweils neben ihnen (auf einem stuhl o. ä.) befindlichen stapel bücher und lesen aus diesen *prima vista* in unterschiedlicher geschwindigkeit simultan vor (*zwischen flüstern und schreien*). hierbei versuchen die sprecher, entweder die anderen dynamisch zu 'übertönen' oder bewußt unverständlich zu bleiben. gefällt einem sprecher eine (*zufällige*) stelle in einem buch besonders, kann er eine längere zeiteinheit aus diesem vorlesen (*auch deklamieren*). nicht aus jedem aufgeschlagenen buch muß vorgelesen werden – es genügt zuweilen auch eine bloße inaugenscheinnahme. bevor ein nächstes buch aus dem stapel zur hand genommen wird, muß das alte entweder hörbar auf den boden oder – mehr oder weniger gezielt – ins publikum geworfen werden.

das stück ist zu ende, wenn der letzte sprecher das letzte in seinem stapel befindliche buch 'verbraucht' hat.

Michael Lentz

Geboren 1964 in Düren (Nordrhein-Westfalen). Lebt seit 1987 in München. Studium der Germanistik, Geschichte und Philosophie in Aachen und München. 1998 Promotion mit einer Arbeit über Lautpoesie/-musik nach 1945. Autor, Musiker (Sprecher, Saxophonist) und Interpret von experimentellen Texten und Lautgedichten. Seit 1989 im Ensemble des Komponisten Josef Anton Riedl.
Verschiedene Veröffentlichungen in Anthologien, Zeitschriften, Katalogen, im Internet, auf CD sowie in Rundfunk und Fernsehen. Zahlreiche Veranstaltungen, Lesungen und Konzerte. Sprechakte für verschiedene Besetzungen, uraufgeführt u. a. bei Klang-Aktionen. Neue Musik München, Tage für Neue Musik Rottenburg am Neckar, Kryptonale (Berlin), Innehalten – Dieter Schnebel 70 (Berlin).
Kurator der seit Januar 1996 bestehenden Veranstaltungsreihe "SOUNDBOX. Akustische Kunst" in Salzburg und München (akustische Literatur, Lautpoesie, Lautmusik, improvisierte Musik, Experimentalfilme).

Buchveröffentlichungen:
NEUE ANAGRAMME (1998), *ODER. Prosa* (1998), *Lautpoesie/-musik nach 1945. Eine kritisch-dokumentarische Bestandsaufnahme* (2 Bde., 2000), *Es war einmal ... – Il était une fois ...* (Prosastück, 2001); alle edition selene (Wien).
Im Frühjahr 2002 erscheint im S. Fischer Verlag (Frankfurt): *Muttersterben. Prosa.*
Im Sommer 2002 erscheint in der edition selene (Wien) von Michael Lentz (Hg.) der Auswahlband: *Bob Cobbing.*

Im Herbst 2002 erscheint in der edition selene (Wien):
Lettrismus.
und im S. Fischer Verlag (Frankfurt):
ALLER DING. Gedichte.

Verschiedene Stipendien und Preise, u. a.:
1998 1. Preis Individual Competition National Poetry Slam
1999 Literaturförderungspreis des Freistaates Bayern
1999 Stipendium des Deutschen Literaturfonds, Darmstadt
2001 Ingeborg-Bachmann-Preis

Josef Anton Riedl

Geboren in München. Studien bei Carl Orff und Hermann Scherchen; Anregungen durch Pierre Schaeffer; Förderung durch Hermann Scherchen und Carl Orff. Initiierte die Gründung des Siemens-Studios für elektronische Musik München, dessen künstlerischer Leiter er wurde (1959-66). Zusammenarbeit mit Film- und Theaterregisseuren, Malern und Architekten. Realisierte mit der von ihm 1967 gegründeten Gruppe "MUSIK/FILM/DIA/LICHT-Galerie" auf in- und ausländischen Festivals Multimediakompositionen, audiovisuelle Environments, Konzerte und Ausstellungen, Installationen, Projekte für Kinder, Laien und Körperbehinderte. Seine seit 1960 entstehenden "Optischen Lautgedichte" (nach einer früheren Bezeichnung "Sonographien") versteht Riedl als "Musik zum Sehen" und unterscheidet sie von seinen vokalen und instrumentalen "Akustischen Lautgedichten".

ENDE GUT. Sprechakte – CD

1. abgehört
2. vielleicht (version 1)
3. ende gut, frage (version 1)
4. vielleicht (version 2)
5.–9. absprache. 5 sprechakte:
(5.) ob nun als
(6.) it's your turn oder einfach genug
(7.) das(s) kann man da(s)
(8.) absprache
(9.) ja, das war aber schwer was
10. auch wieder schöne grüße
11. wie es früher war
12. vielleicht (version 3)
13. ende gut, frage (version 2)
14. wechsel : ein wehen
15. arance dal marocco

1. u. 15.: Komposition zusammen mit Zoro Babel
2., 3. u. 12.: Eine Produktion von www.lyrikline.de
4., 10. u. 13.: Eine Produktion von "Sprechakte x-treme" [Oliver Hahn (keyboard, samples), Axel Kühn (sax), Michael Lentz (vocals), Thomas Simmerl (drums, samples), Klaus Sperber (bass)]
5.–9.: Eine Produktion des Bayerischen Rundfunks, Hörspiel,

1995. Sprecher: Stefan Gabányi, Stefan Schwerdtfeger, Bernhard Jugel, Michael Lentz, Cornelie Müller. Regie: Bernhard Jugel.

11.: Trommelspind: Zoro Babel

15.: Eine Produktion des Bayerischen Rundfunks, Studiokonzert musica viva, 2001. Text-Sound-Komposition. Sprechen u. Talkbox (Michael Lentz), elektr. Gitarren [Go Guitars (Christian Bergmann, Gunnar Geisse, Gregor Holzapfel, Harald Lillmeyer, Adrian Pereyra)], Sampler u. Installation akust. Gitarren (Zoro Babel), CD-Zuspielung (Michael Lentz: O-Töne aus Olevano Romano)

Wenn nicht anders angegeben, Stimme: Michael Lentz